最新図解

いちばんやさしい地政学の本

沢辺有司

彩図社

はじめに

いま世界では、テロや内戦、貿易戦争、ＥＵ離脱、地域の独立運動、反政府デモ、核開発、さらには感染症の問題などが発生し、日々めまぐるしく動いています。

なぜこうした問題が起きるのでしょうか？

たとえば、イギリスがＥＵ離脱の選択をしたことについては、「ユーロ危機や移民の流入が原因となり、イギリス人の潜在的な反ＥＵの感情に火がついた」と一般的に解釈されます。しかし、地図をベースとした「地政学」を使うと、少し違った見方になって、**「イギリスのヨーロッパ大陸に対する伝統的な戦略であるバランス・オブ・パワー（勢力均衡）に回帰した」**という解釈になります。

まだなじみのうすい方も多いかと思いますが、いま、このような地政学的視点の重要性が増しています。**「地政学」とは、地図をもとに政治や軍事を考えていく学問です。**軍事理論でもあるため、戦後の日本では封印されていました。

地理というのは、時代が変わっても変わりません。ですから、変わらない地理をもとにすることで、それぞれの国や地域がとる戦略というのは自ずと決まってくる、と考えられます。となると、いくら世界情勢が混沌としてきても、その国がとるべき一貫した正しい戦略があるはずだ、となります。地政学ではこう考えるわけです。

本書は、『図解 いちばんやさしい地政学の本』を再編集した地政学入門書で、図解メインの構成としています。「アメリカ」「中国」「アジア」「ヨーロッパ」「中近東」「日本」の地政学を順番に見ていきます。

混沌として先の見えない時代だからこそ、普遍的な知である地政学的視点をもつことが大切です。それによって自信をもって世界と向き合うことができるはずです。

目次

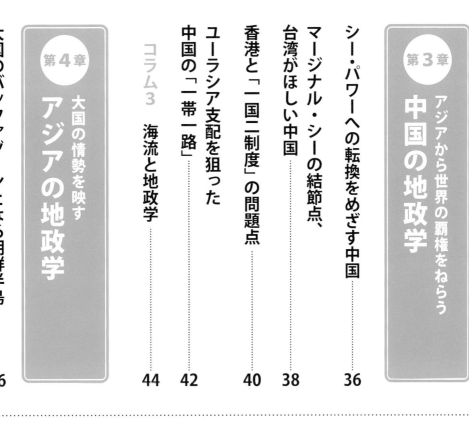

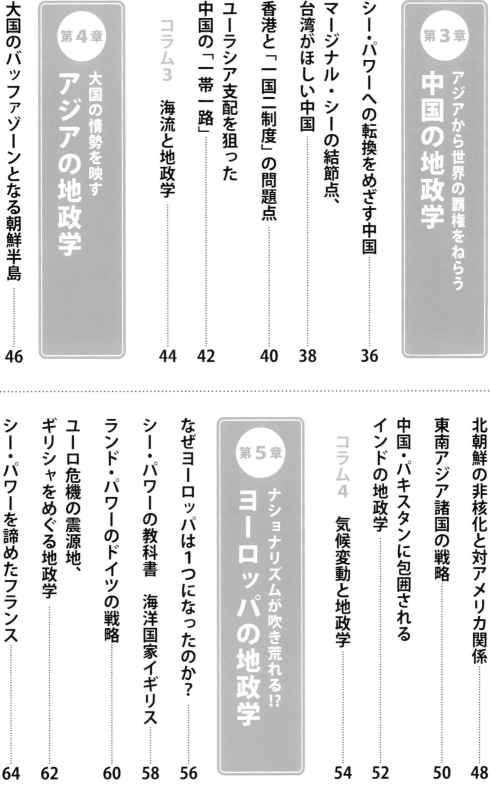

第1章
地政学とは何か？

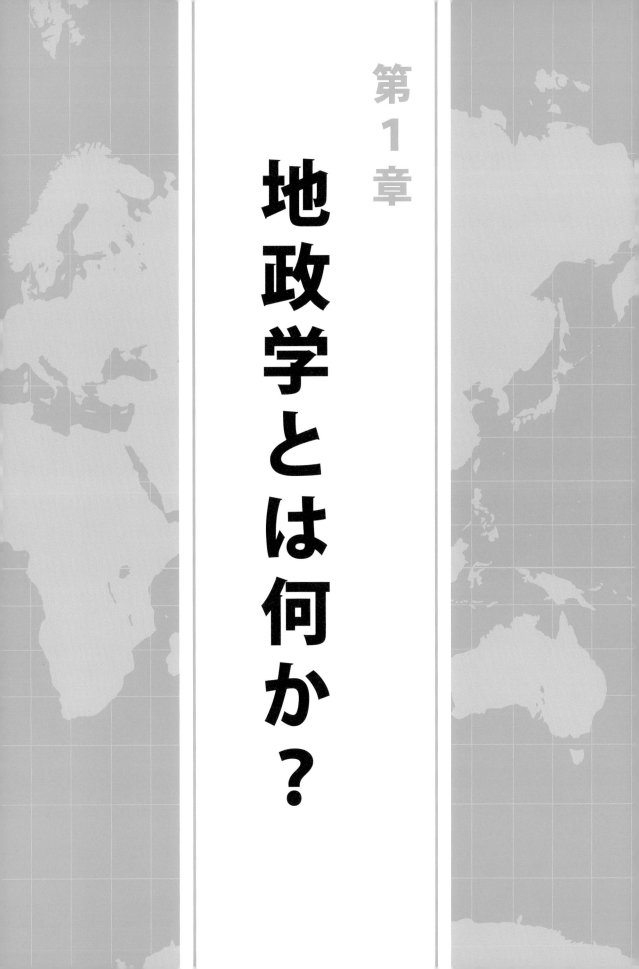

地政学とは、リアルな軍事戦略だ！

地政学とは何なのか？

地理的条件を出発点とする
きわめて「現実的」な軍事戦略

島国

・日本
・イギリスなど

内陸

・ハンガリー
・オーストリアなど

大国に挟まれた国

・東欧諸国
・中東諸国など

半島

・朝鮮半島
・アラビア半島など

◆地図を戦略的に見る

「地政学（Geopolitics：ジオポリティクス）」とは、かんたんにいえば、「軍事戦略の理論」です。**地図を戦略的に見て、どうやって空間を支配するのか、どうやって自分の国を守るのか**を考えるものです。

すべての国は、地理的条件から逃れることはできません。海に囲まれていたり、内陸にあったり、大国にはさまれていたり、半島につきでていたり、有史以来ほとんど変わらない地形のもとに成り立っています。

つまり、「それぞれの国は、ずっと同じ地理的条件のうえに成り立っていて、その条件をぬきにして戦略をねることはできない」ということです。この考え方は、地政学の重要な出発点になります。

地政学には、2つの基本的な概念があります。それが、**「ランド・パワー（大陸国家）」**と**「シー・パワー（海洋国家）」**です。

陸に強いランド・パワーには、ロシアやド

Point

地政学は、混沌とした世界情勢を把握するときに重要なツールになる

2つの基本的な概念

ランド・パワー	シー・パワー
＝	＝
陸に強い大陸国家	海に強い海洋国家
ロシア、中国、ドイツ、フランスなど	アメリカ、イギリス、日本など

◆ランド・パワーvsシー・パワーの例

・モンゴル軍の襲来（元寇）

世界最強のランド・パワー国家だったが、シー・パワーの日本に敗北

各国の特徴に適した戦略をとることが、自国を守ることにつながる

↓

より現実的な、地政学の視点で考える時代になっている

イツ、フランス、中国があります。海に強いシー・パワーには、島国のイギリスや日本、またアメリカも大きな島国と見ることができて、ここに分類されます。

　世界の国をランド・パワーとシー・パワーに分類して観察するだけでも、国際情勢はよりクリアに見えてくるでしょう。

◆リアルな地政学が前面に出てきた

　地政学は、とても「現実的」で「実践的」な軍事戦略です。過去の戦争では、開戦の理由として、「共産主義から資本主義を守るため」「テロとの戦い」などの物語がつくられました。このような「イデオロギー」とよばれる物語によって戦争の理由づけがされます。

　しかし、**現実には、領土や植民地の拡大、防衛上の拠点の獲得、資源の獲得などが戦争の本当の目的だったりします**。いまやイデオロギーのベールがはがされ、地政学的な戦略が前面に出てきています。たとえば、中国の習近平《しゅうきんぺい》は、地政学的な観点から香港・台湾を手放そうとはしません。

　イデオロギーという理想で語られる時代は終わって、かつての帝国主義時代のように地政学で考える時代になっているのです。

ドイツと日本で封印された地政学

地政学の基本理論を唱えた学者たち

ハルフォード・マッキンダー
〔イギリス、1861～1947〕

ハート・ランド理論
＝ユーラシア大陸の中心にあたるハート・ランドを制するものが世界を制する

アルフレッド・マハン
〔アメリカ、1840～1914〕

ワールド・シー理論
＝太平洋や大西洋など、世界の大きな海洋を支配するものが世界を制する

領土・植民地拡大のために研究された軍事的な戦略が地政学のベースにある

◆帝国主義のための理論

19世紀、欧米列強は領土や植民地を拡大するために世界各地で激しく争いました。「帝国主義」です。そのときに研究された軍事的な戦略が、地政学と呼ばれるようになりました。

地政学の発展においてもっとも影響力のあった人物は、イギリスのマッキンダーです。

マッキンダーは、基本的には本国であるシー・パワーのイギリスの戦略を考えていますが、彼が唱えた地政学のベースとなる理論が、**「ハート・ランド」**という考え方です。

ハート・ランドは、ユーラシア大陸の中心部で、ロシアの領域です。かんたんにいうと、**「ハート・ランドを制するものは世界を制する」**という考え方になります。

マッキンダーと前後してアメリカで活躍したのが、海軍少尉であり学者でもあったアルフレッド・マハンです。マハンはシー・パワーのイギリスの戦略を研究した結果、大陸に着目したマッキンダーとは対照的に、海に着目

Point

自国の領土拡大を目的とした学問であるため戦後は「戦争の学問」として危険視された

戦前のドイツと日本における地政学

ナチス・ドイツ

ハウスホーファー将軍

東方拡大と植民地の拡大がランド・パワーであるドイツの目指す方向である

戦後は「ナチスの哲学」として危険視され、学問としての地政学はほぼ消滅した

日本

海外の地政学を輸入し、さまざまな学派が誕生

- **マハンの海洋戦術**
- **ハウスホーファーの「パン・リージョン理論」**

＝世界をアメリカ・ソ連・ドイツ・日本で４分割し支配する

⇒「大東亜共栄圏」の思想につながる

⇒国内のランド・パワー派に影響を与え、ドイツと同盟へ

敗戦後、「戦争の学問」として完全に封印される

した**「ワールド・シー理論」**にいきつきました。**「太平洋や大西洋など世界の大きな海洋を支配するものが世界を制する」**という考え方です。

アメリカはもともとはランド・パワーの国でしたが、マハンの理論をきっかけに、シー・パワーに転換していきました。

◆ナチスの基本哲学だった

ドイツでは、フリードリッヒ・ラッツェルとルドルフ・チェレーンの2人によって地政学の基礎がきずかれました。2人の考え方のベースには、「強いオオカミの群れが弱い群れのなわばりを奪う」という自然の法則があります。

また、第2次世界大戦前には、ハウスホーファー将軍が**ランド・パワーのドイツが向かうべき方向には東方拡大と植民地拡大がある**と唱えました。これは、ヒトラーの「強いドイツ」というビジョンと重なり、彼は「ナチズムの哲学者」と呼ばれるようになります。

また、戦前の日本でも海外の地政学を輸入し、さまざまな地政学派が生まれていました。マハンの海洋戦術やハウスホーファーのビジョンなどです。

しかし、両国は戦争に敗れ、戦後、地政学は「ナチスの哲学」「戦争の学問」として危険視され、封印させられてしまいました。

「ハート・ランド」と「ワールド・シー」

ハート・ランドとワールド・シー

ハート・ランド		ワールド・シー
ユーラシア大陸の中心地	場所	太平洋・大西洋などの海洋
侵攻が難しく守りが固いが、攻撃面では不利	特徴	海を制したシー・パワーの国が世界の覇権を握る
ロシア	支配している国	――

ハート・ランドをおさえるロシアは不凍港を求めて南へ下る政策をとる

◆ハート・ランドとワールド・シー

マッキンダーが唱えた「ハート・ランド」ですが、これは**ユーラシア大陸の中央部**で、ランド・パワーのロシアの領域にあたります。この地域を流れる大河は、黒海やカスピ海、オホーツク海へ注ぐ川をのぞくと、すべて北極海に注ぎます。しかし、北極海はつねに凍っているので、シー・パワーの軍艦が海から川をさかのぼってこの地域に侵攻することはできないのです。これが「ハート・ランド」の意味です。**この難攻不落の安全地帯を持つ国は、絶対に倒れません。**「ハート・ランドを制するものは世界を制する」が表す意味です。

ハート・ランドと対照をなすのが、マハンの「ワールド・シー」理論です。かつて、**スペインやイギリスなど強大なシー・パワーを持った国が世界の覇権をにぎってきた**ことを重視し、「世界の大きな海洋を支配するものが世界を制する」と考えました。

Point

海洋と大陸を制するためには、周辺地域の「マージナル・シー」「リム・ランド」が重要

リム・ランドとマージナル・シー

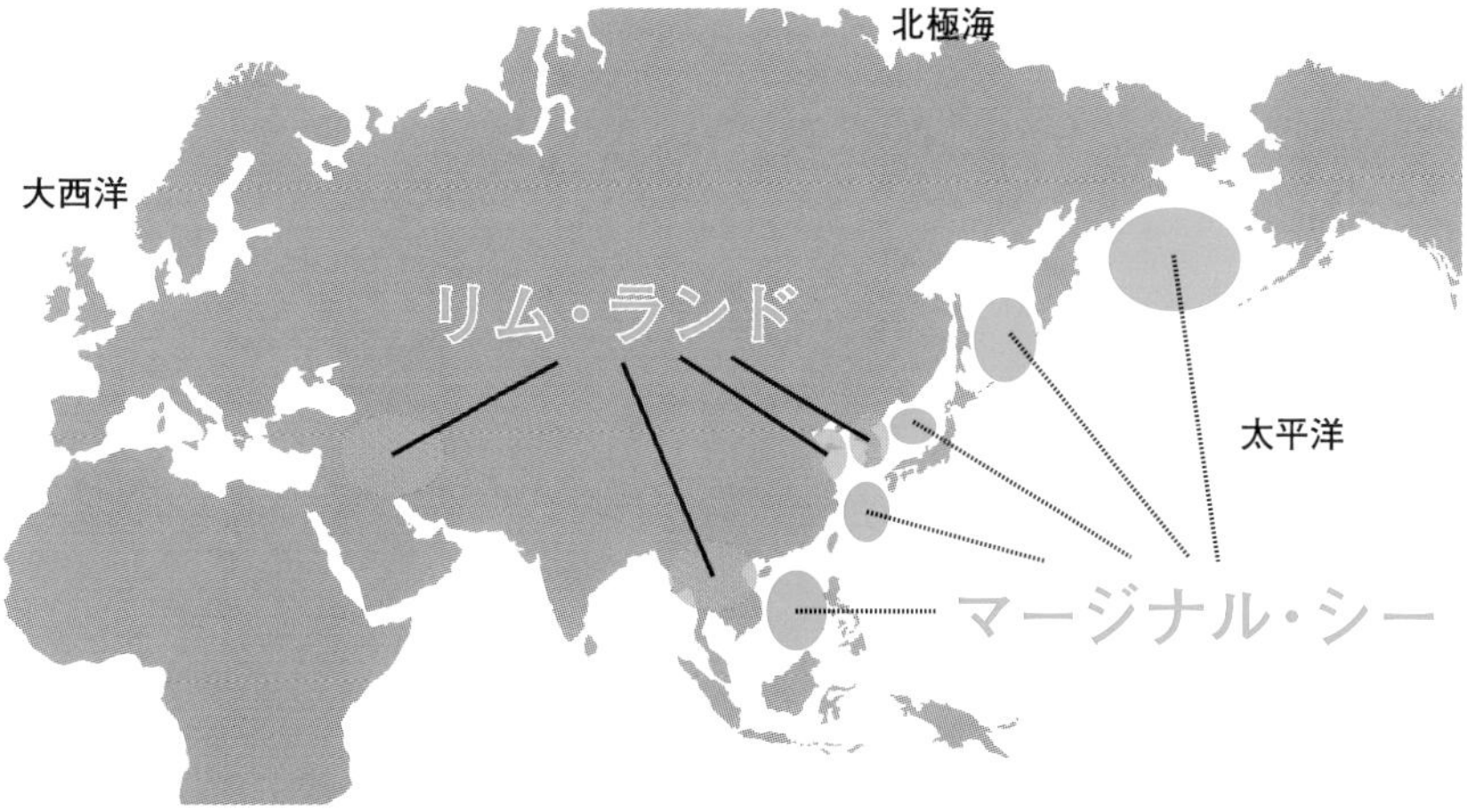

リム・ランド	マージナル・シー
・朝鮮半島	・オホーツク海
・山東《さんとん》半島	・ベーリング海
・インドシナ半島	・日本海
・中東地域	・東シナ海
	・南シナ海

マージナル・シーの支配は
リム・ランドの支配につながる

マージナル・シーは世界の覇権に通じる要衝

◆リム・ランドとマージナル・シー

発展型として、**「リム・ランド」**と**「マージナル・シー」**という考え方があります。

まずリム・ランドですが、これは**ハート・ランドの周辺地域（リム）**を重視する考え方です。空軍の登場によりエア・パワーの時代に移ると、このリム・ランドの重要性がうかびあがってきました。

海軍と空軍があれば、まずはリム・ランドを支配し、そこから真ん中のハート・ランドを支配できると考えられたからです。つまり、**「リム・ランドを支配するものが、ハート・ランドを制する」**ということです。

一方、リム・ランドの海洋版が、**「マージナル・シー」**、つまり「縁海《えんかい》」のことです。**大陸の外側の弧状《こじょう》列島や群島、半島によって囲まれた海をさす**ので、つまりこれは、リム・ランドの周りの海ということになります。

リム・ランドと同様に、**マージナル・シーの支配がワールド・シーの支配につながります**。さらに、マージナル・シーの支配は、リム・ランドの支配にもなりますので、その先にハート・ランドの支配をうかがうことができます。

ですから、マージナル・シーは地政学的にとても重要なスポットになります。

大国に見る地政学の基本戦略

世界のチョークポイントとシー・レーン

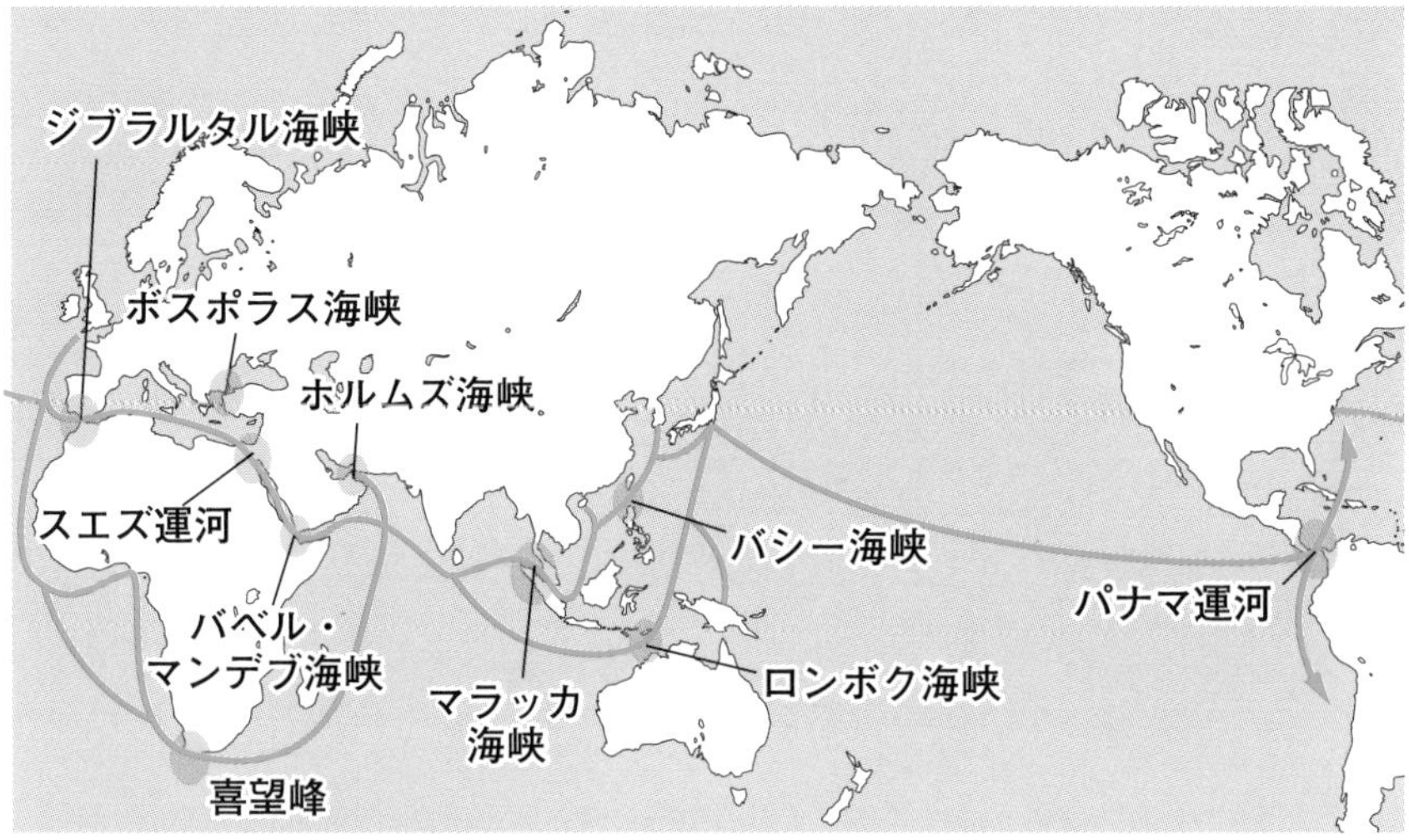

19世紀のイギリス

ジブラルタル海峡→喜望峰《きぼうほう》→中東→
インド→マラッカ海峡→香港にいたる
海上交通の要衝をおさえる

**ユーラシア・アフリカ両大陸を
囲むようにシー・レーンをきずく**

シー・パワー国家にとってシー・レーンの確保は重要

◆バランス・オブ・パワー

地政学にもとづく代表的な戦略に、**「バランス・オブ・パワー（勢力均衡）」**という考え方があります。

シー・パワーのイギリスは、昔から一貫して、この戦略を適用しています。「ヨーロッパ大陸に覇権を求めない。ただし、ヨーロッパに強力な単一国家があらわれたときにはイギリスの脅威になるので戦う」というものです。このようにして、**ヨーロッパ大陸内でそれぞれの国の力が拮抗するようにしています。**

かつて7つの海を海軍力によって制覇し、「世界帝国をきずいた」といわれたときでも、イギリスはヨーロッパ大陸を直接支配していたわけではないのです。

◆シー・レーンとチョーク・ポイント

イギリスは7つの海を支配しましたが、そ

世界の主なバッファゾーン

大国と大国のあいだにはさまれた中間地帯

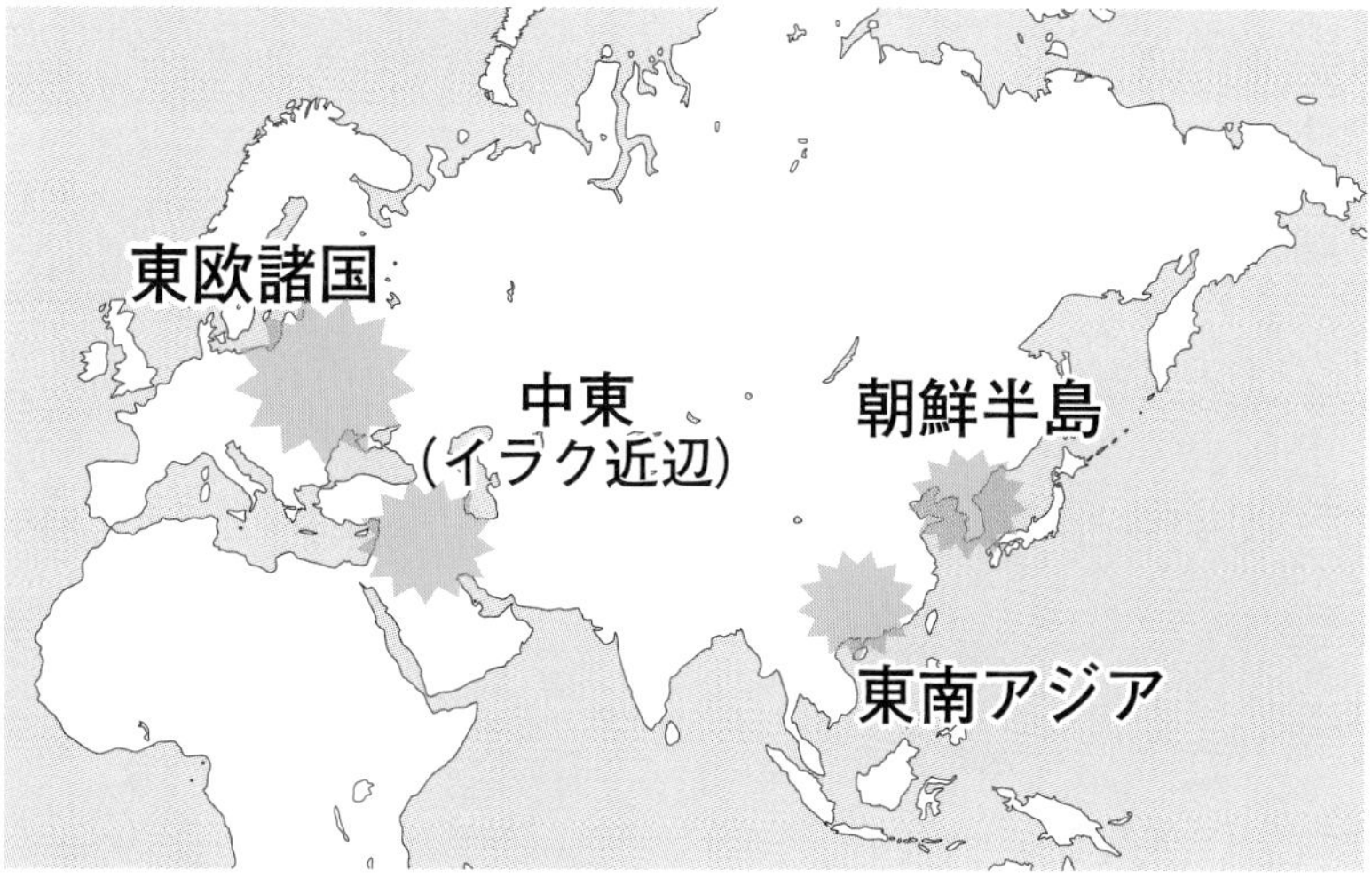

バッファゾーンにおける争い

朝鮮半島 … 日本 ✹ 中国（清）
日本 ✹ ロシア

東欧諸国 … ヨーロッパ ✹ ロシア

どちらの大国も影響下に置こうと干渉してくる

⬇

大国同士の代理戦争が起き、紛争地帯になりやすい

Point

地政学的に重要な要衝「バッファゾーン」や「チョーク・ポイント」では紛争が起きやすい

れは大洋の全体をくまなく支配したわけではありません。基本的には、**自国の貿易を守るための安全な海上交通路である「シー・レーン」を確保した**、ということになります。

また、シー・レーンに関連して、「チョーク・ポイント」という戦略があります。

「チョーク（choke）」とは、「首をしめる」という意味で、**シー・レーンをおさえるときに要衝となる海峡や運河**があります。ここをおさえれば、最小限の海軍で効果的に支配できるというポイントです。

◆バッファゾーン

バッファゾーンとは、いわば**大国と大国のあいだにはさまれた中間地帯**です。

大国は、敵国からの直接の侵攻を防ぐため、その周辺の地域をバッファゾーンととらえ、その地域を影響下におこうとします。しかし、ほかの国もバッファゾーンに干渉してきますので、衝突が起きやすくなります。つまり、**バッファゾーンでは大国と大国の代理戦争が起き、紛争地域になることが多い**のです。

東アジアでは朝鮮半島、ヨーロッパでは東欧諸国がこれにあたります。歴代の日本と中華帝国や、旧ソ連と西側諸国は、直接の対決を避けるためにバッファゾーンを構築しました。

第1章
地政学とは何か？

2つのハート・ランドに挟まれた要衝とは？

No.5

19世紀のグレート・ゲーム

グレート・ゲーム…大国同士の覇権争い

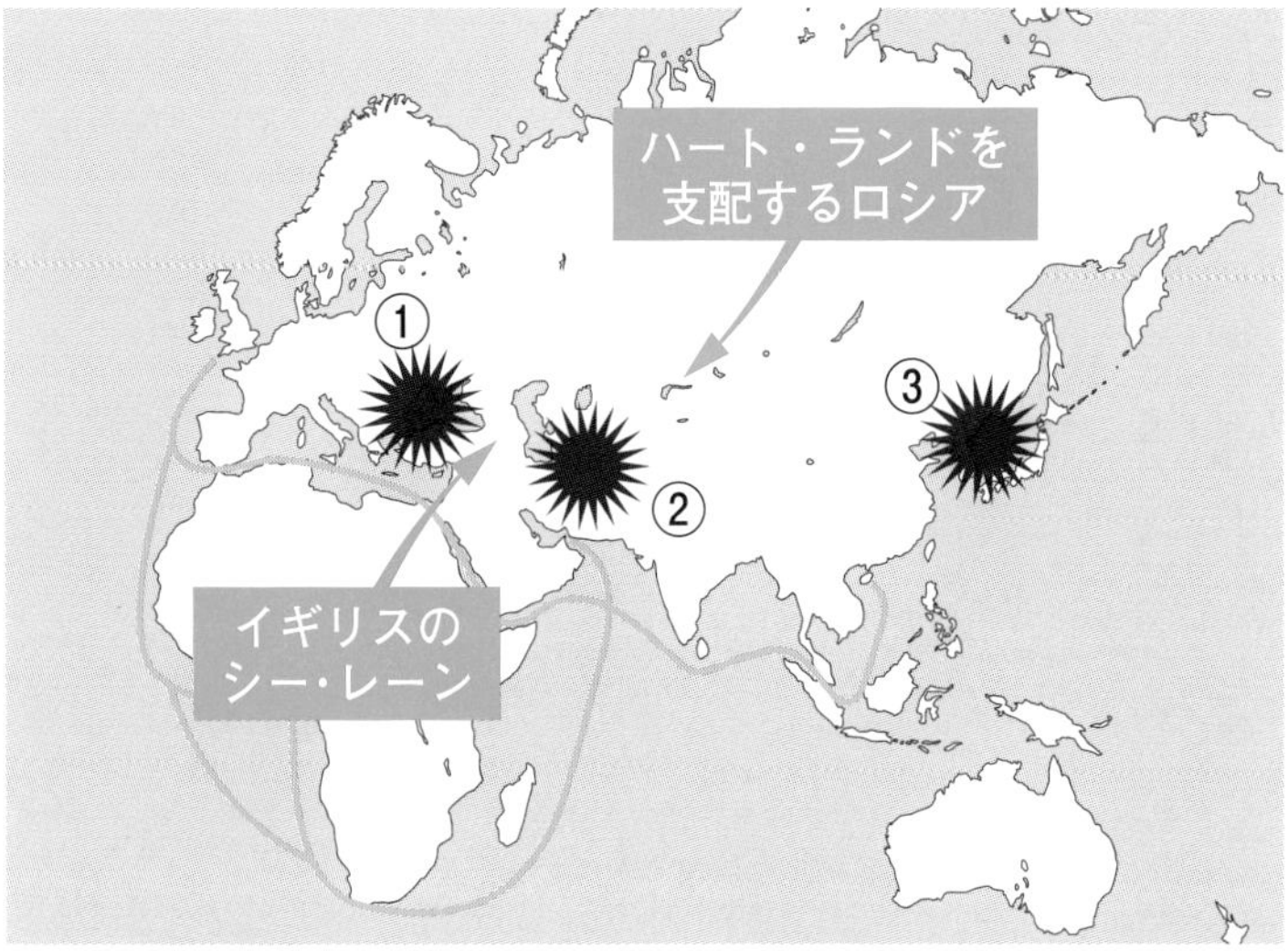

①クリミア戦争（1853～1856）
②第2次アフガニスタン戦争（1878～1881）
③日露戦争（1904～1905）

ハート・ランドを挟んで覇権争いを演じる

⬇

紛争の舞台になるのはバッファゾーン近辺

◆ハート・ランドとグレート・ゲーム

19世紀後半の世界は、ロシアがハート・ランドを支配していました。そして、イギリスはアフリカ大陸からユーラシア大陸にかけた沿岸をとり囲むようにシー・レーンを構築し、この一帯に植民地帝国をきずいています。イギリス艦隊はハート・ランドに侵入できません。

一方のロシアは、鉄道を敷設して大陸の外に向かって膨張をはじめていて、イギリスの脅威となりはじめていました。

ここでイギリスとロシア、**2つの大国が覇権争いを演じます。これが「グレート・ゲーム」です**。その後、大国間のグレート・ゲームは冷戦時代のアメリカとソ連が演じ、現代では、中東が舞台となっています。

◆南のハート・ランドとの接続地域

Point

ハート・ランドに挟まれたアラビア半島が現代のグレート・ゲームの舞台になっている

現代のグレート・ゲーム

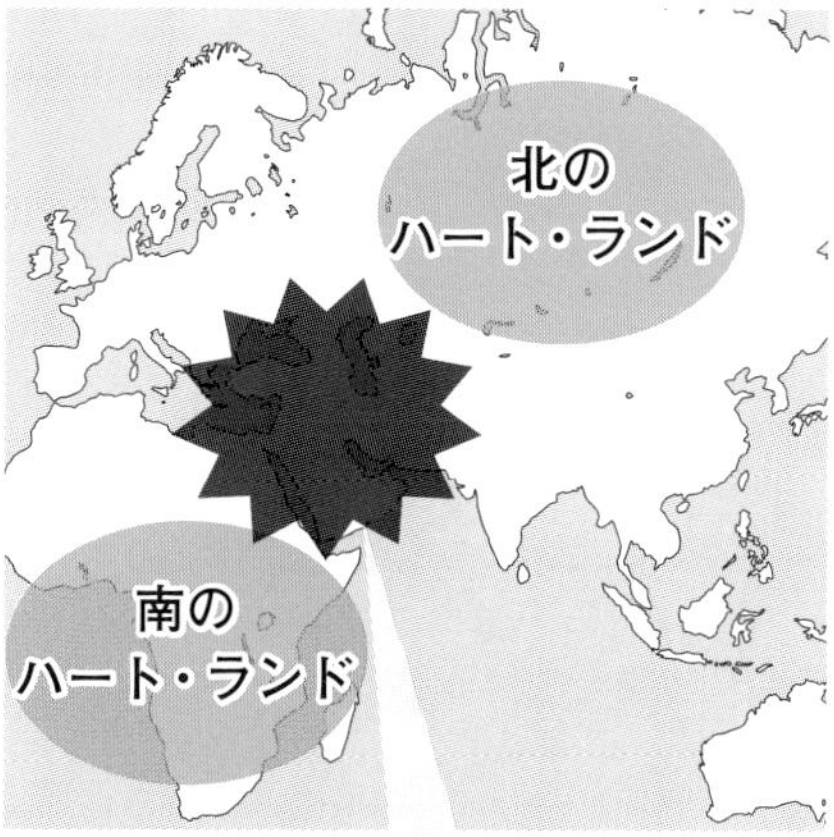

ポイントは「2つのハート・ランド」の中間地帯

＝

現代の紛争の舞台はアラビア半島

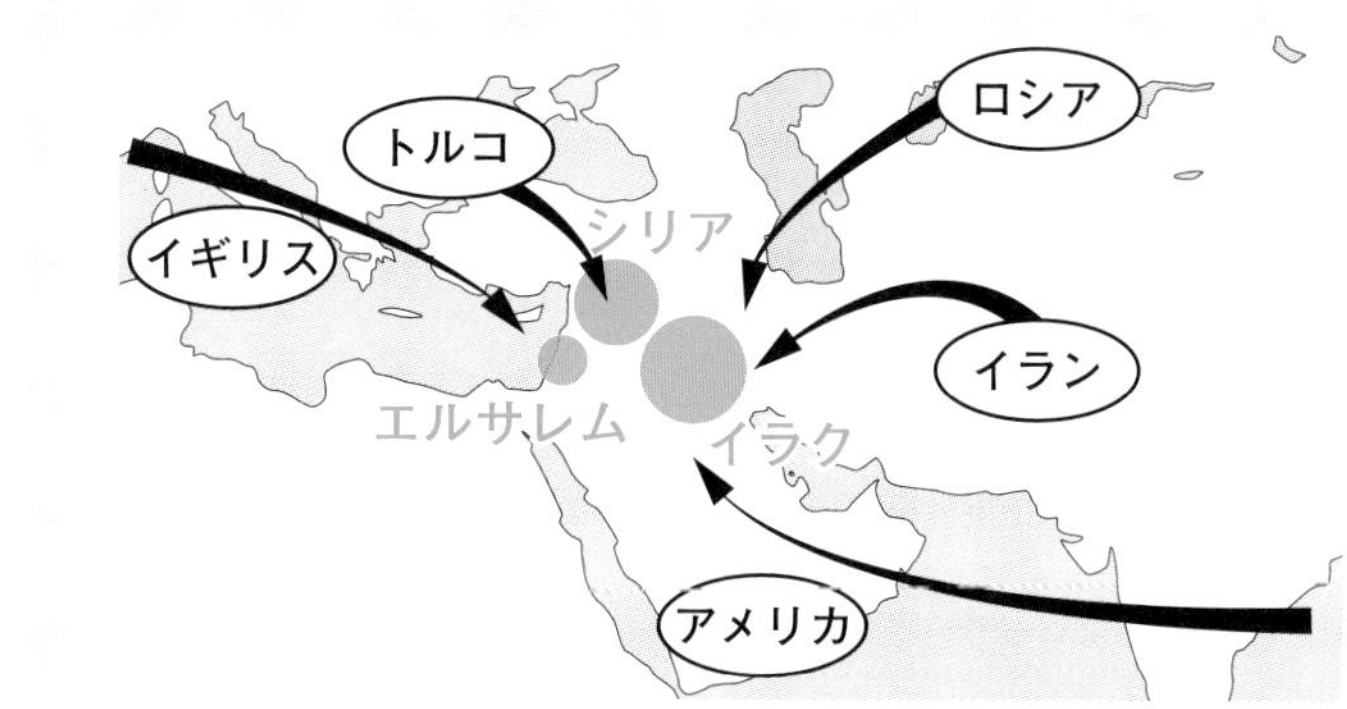

アラビア半島に多くの勢力が介入している

地政学的に魅力な土地はどの国も欲するため紛争を免れられない運命にある

マッキンダーは、ハート・ランドをもう1つあげています。それは資源豊かなアフリカ大陸で、サハラ砂漠より南方のアフリカです。ユーラシア大陸の中心部が「北のハート・ランド」だとすれば、アフリカ大陸の南部は「南のハート・ランド」といえます。

重要なのは、**北のハート・ランドと南のハート・ランドにはさまれた地域、アラビア半島**です。アラビア半島のアラビア砂漠は、昔から隊商《たいしょう》貿易《ぼうえき》などが行われていたことからわかるように、通行が比較的容易なので2つのハート・ランドを行き来するには都合がいいです。

また、アラビア半島は、南北のハート・ランドだけではなく、ヨーロッパとアジアをもつないでいます。なかでも、アラビア半島の付け根にある**エルサレム**は、世界の中心ともいえる位置にあります。**ここをおさえれば世界全体を制することができますが、逆にいえば、争いが起きやすくなる最悪の土地**ともいえます。

一方、アラビア半島の北方に位置する平野も重要な要衝です。肥沃《ひよう》な農耕地帯であり、周辺の高台の遊牧民族や騎馬民族などがたびたび侵入する土地でした。

地図で見ると、ここは**イラクやシリア**です。ロシア、トルコ、アメリカなど多くの勢力が介入し、**現代のグレート・ゲームが展開されている**のも、地政学的に魅力的な土地だからです。

ビジネスにも深く関係する地政学

No.6

経済活動を守る軍隊

軍事力の役割

海外での経済活動を支え、安全を確保すること

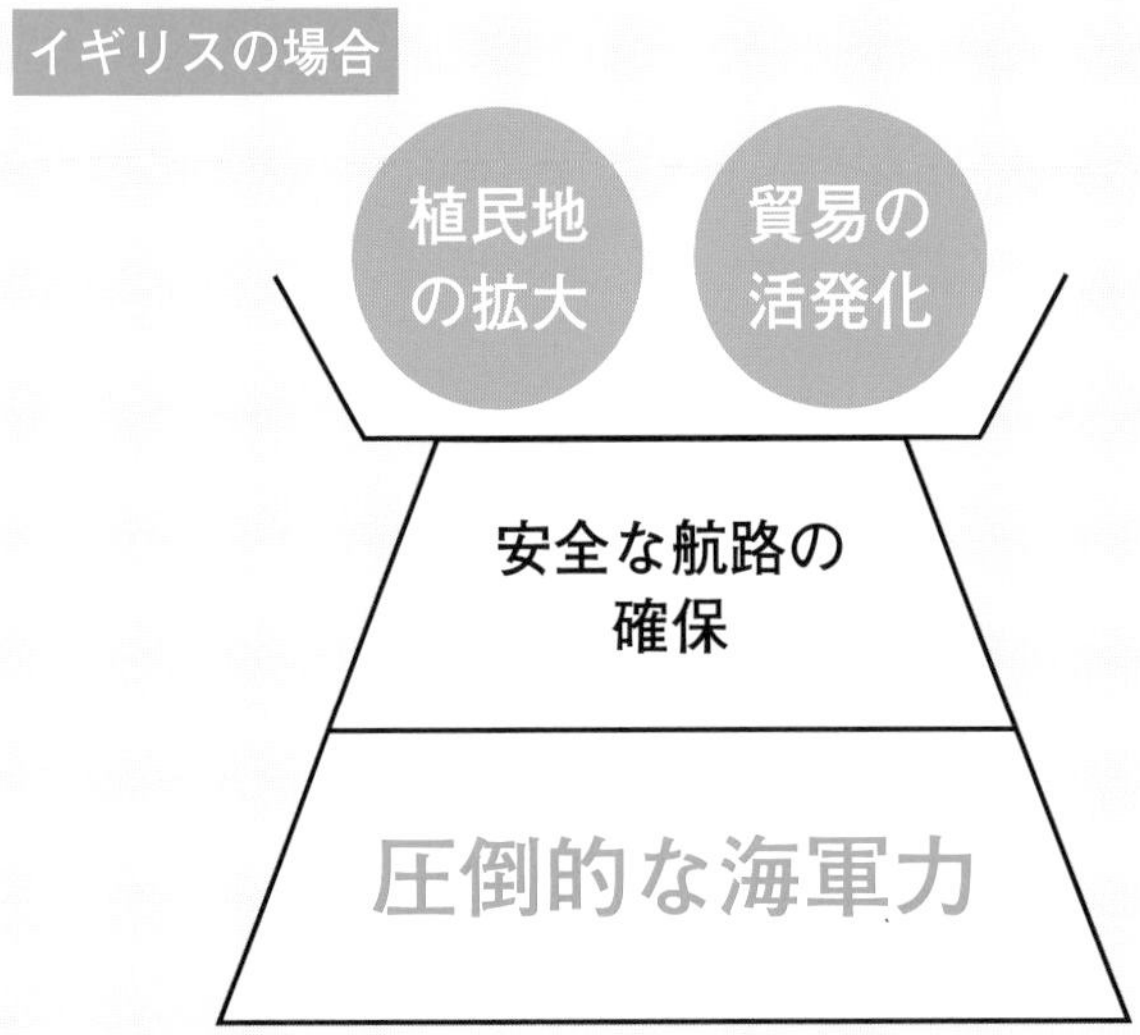

現代の日本でも、物資の輸出入で使用するシー・レーンはアメリカの海軍によって守られている

グローバルな経済活動のために必要な存在

◆海外のビジネスを守る

地政学はビジネスと密接に関係しています。まず、「地政学に基づく軍事戦略が自国のビジネスを支える」という面です。**軍事力は、自国の領土を守るだけでなく、海外での経済活動を支え、安全を確保する役割もある**からです。

たとえば、イギリスの産業革命が起こった背景には、地政学的な戦略によって手に入れた海外の植民地や輸出入のルートとなるシー・レーンの存在がありました。シー・パワーによってきずかれたグローバルな経済活動の土台があったというわけです。

現代のビジネスも同じで、基本的には軍事力に守られています。日本の場合、日米安保体制があり、世界一の軍隊をもつアメリカによって経済活動が守られています。中東から原油を輸入するさいに、日本までの長いシー・レーンをアメリカの海軍が守ってくれています。もしもシー・レーンが封鎖されたら貿易がとどこおり、大きなダメージを受けること

Point

グローバルな経済活動は軍事力によって支えられ、守られている

軍と企業は共通点が多い？

軍事用語からの転用

「ターゲット」 ➡ 攻撃対象者

「キャンペーン」 ➡ 組織的運動

「タクティクス」 ➡ 戦術

組織作りのお手本は軍隊

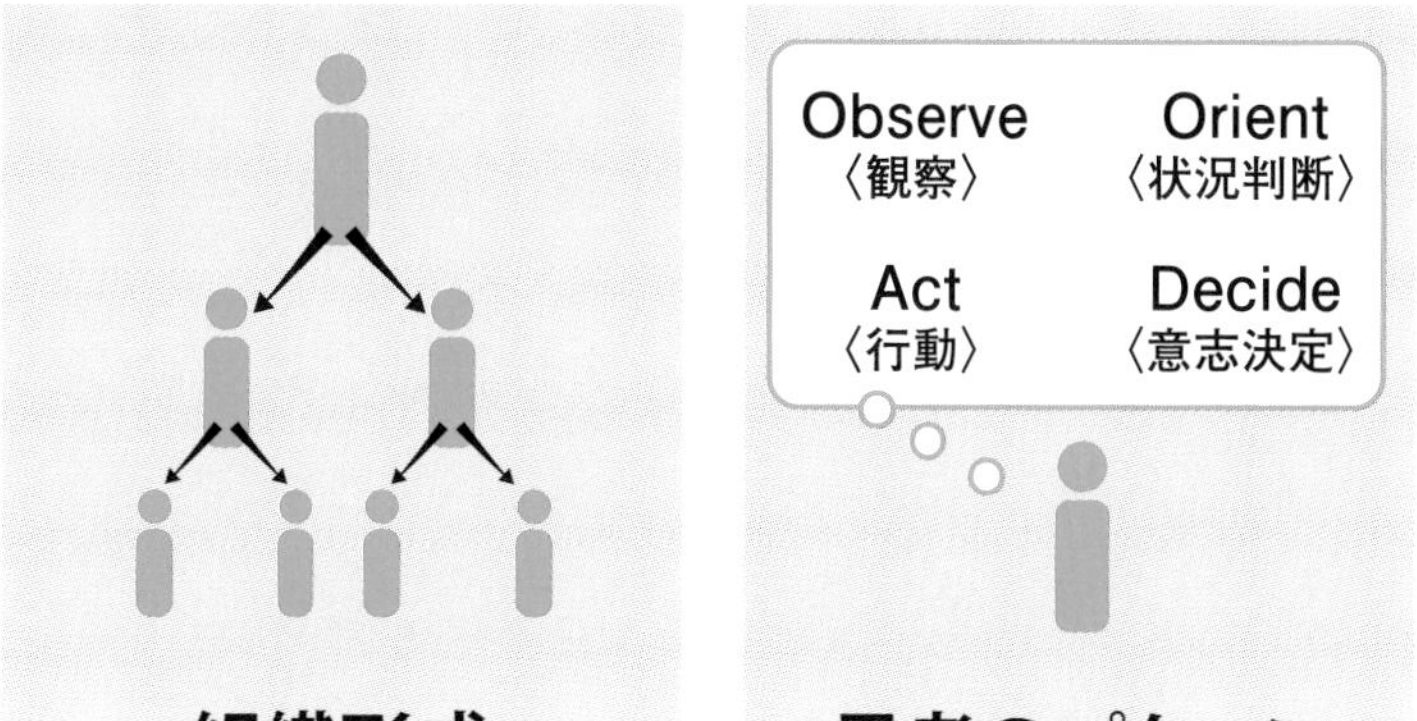

組織形成　**思考のパターン**

領土の奪い合い＝消費者の獲得

⬇

軍隊の考え方・戦略はビジネスに通じるものがある

になります。

◆軍と企業は同じ？

2つ目は、「地政学などの軍事ノウハウがビジネスに転用される」という面です。

たとえば、ビジネス用語には軍事用語から転用されたものが少なくないですが（マーケティングの「対象者」のことを「ターゲット」というなど）、これは**欧米のビジネスマンが軍事ノウハウを学んでいる**証拠です。

では、なぜ軍事のノウハウをビジネスに転用できるかというと、そもそも組織のあり方が似ているからです。近代の軍事組織のモデルは、19世紀にビスマルクがつくった帝政プロシアの軍隊でした。ナポレオン3世のフランス軍を破った**プロシア軍の強さの秘密は、機能的によく整備された組織**にありました。

そこで、各国の軍隊だけでなく、企業も同じようにプロシア軍を組織作りのお手本としました。だから、軍と企業は似たような組織となったのです。

兵士一人ひとりの判断にゆだねながら組織全体を統率したり、モチベーションをあげたりといった、今日的な企業の課題と重なる研究がいまも欧米の軍のなかで実践的に行われており、そのノウハウに注目が集まっています。

column 1

交通インフラと地政学

❖覇権国家の条件になる

交通インフラは、地政学の要となります。他国よりも多くの物資を安全に運んだり、スピーディーに移動したり、広範に移動したりすることができれば、戦略上有利になるからです。戦争においては、**兵器や兵員、食糧の補給を行う交通インフラである「兵站《へいたん》」（ロジスティクス）の確保が生命線となります**。

歴史を見ても、より優れた交通インフラを備えた国が、その時代の世界覇権を争いました。

13世紀、中央ユーラシアでは驚異的な速度で移動する騎馬軍団を擁《よう》するモンゴル人が巨大帝国をきずきました。大航海時代以降は、遠洋航海可能な船と技術を手にしたスペインやポルトガル、さらにはオランダ、イギリスといったシー・パワーが世界覇権を争いました。近代になると、鉄道網をきずいたロシアやドイツのランド・パワーが台頭しました。

❖エア・パワー単独で勝利

さらに20世紀になると、空軍のエア・パワーがあらわれました。エア・パワーの強みは、地形に影響される陸軍や海岸線の影響をうける海軍とは違って、**完全な移動の自由**をもっていることです。とはいえ、第2次世界大戦当時は、エア・パワー単独で戦争に勝てるほどの能力はありませんでした。それが、冷戦後の湾岸戦争やコソボ空爆では、ほぼエア・パワー単独で勝利しています。空爆の精度が上がったのです。

エア・パワーでは、ターゲットの近海から戦闘機を飛ばす空母の有無がカギをにぎります。そのため、近年の中国は空母建造に注力しています。

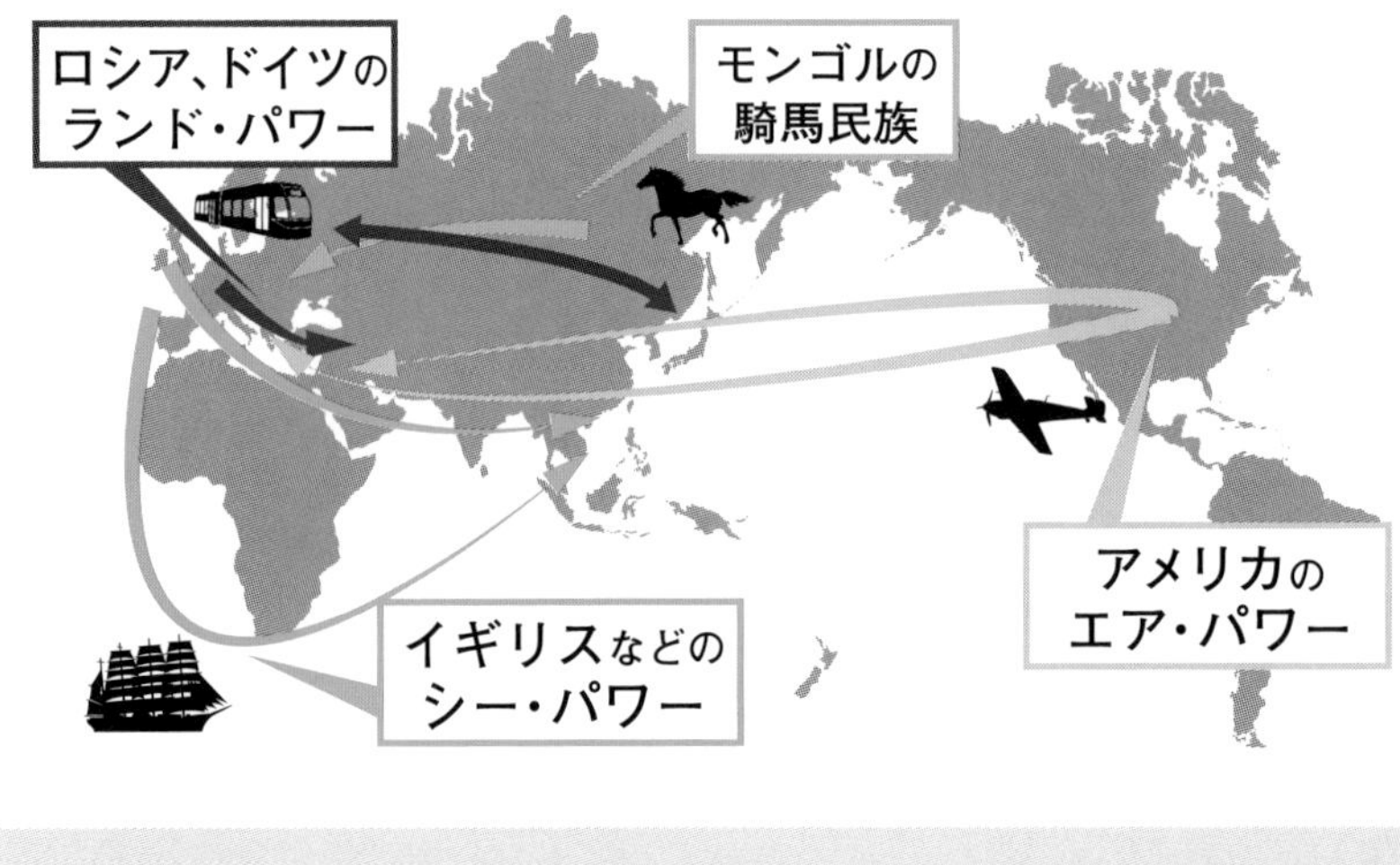

第2章

世界をかき回す覇権国家

アメリカの地政学

ランド・パワーで新世界を支配したアメリカ

アメリカの誕生と西部開拓

イギリスからの移民で
誕生した国　アメリカ

建国当時の領土は
東海岸の一部のみに
すぎなかった

（マニフェスト・デスティニー）
「明白な天命」を掲げ、大陸西部を開拓する

「西部開拓は神に与えられた正しい行いである！」

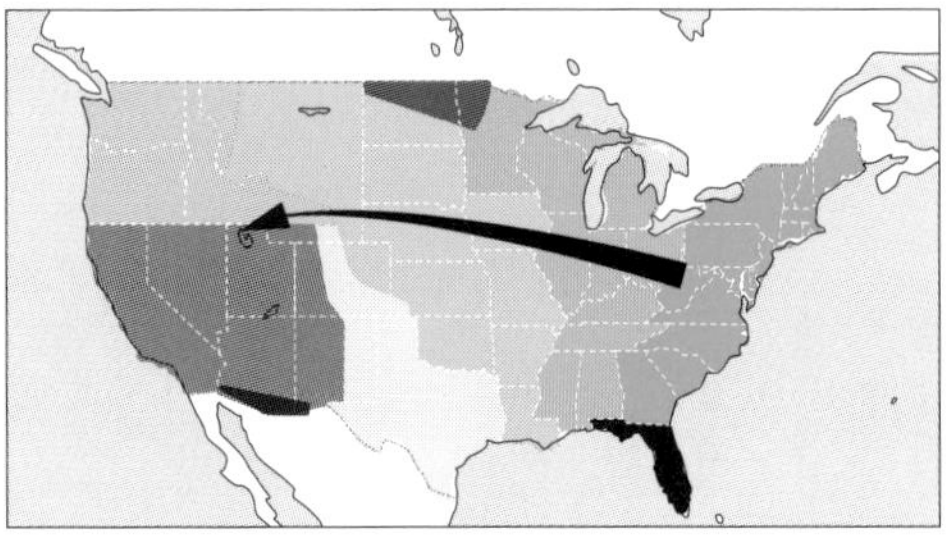

西部へ領土を広げ
西海岸へ到達

ランド・パワーを拡大させ、
南北アメリカ大陸＝「新世界」の支配をめざす

◆孤立主義の本質は囲い込み

第2次世界大戦以降の世界のメインプレーヤーは、アメリカです。

アメリカという国は、17世紀にイギリスからの「移民」が住み着いてできた人工国家です。建国当時のアメリカは、わずかに東海岸を治めるにすぎませんでしたが、ここから2段階に分けて、急激に膨張します。

まず第1段階は**ランド・パワーの膨張**です。ここでは、南北アメリカ大陸の支配をめざします。アメリカ人には、**ヨーロッパやアジアの「旧世界」から南北アメリカ大陸の「新世界」へ「理想国家」をつくるためにやってきた**という自負があって、南北アメリカ大陸は自分たちのもの、という考えがあります。

建国後のアメリカは、先住民を追い払いながら西部を開拓しました。この行為を正当化した考え方が、**「明白《めいはく》な天命《てんめい》（マニフェスト・デスティニー）」**です。「西部開拓は神によって割り当てられたものだから正しい」としました。

Point

南北アメリカ大陸からヨーロッパ勢力を排除し、まずランド・パワーを拡大した

アメリカのモンロー主義

モンロー大統領

アメリカはヨーロッパのことには口を出さないから、ヨーロッパはアメリカ大陸のことに手を出さないでくれ

（1823年の「モンロー宣言」）

ヨーロッパと距離をとる「孤立主義」

ヨーロッパ勢力をアメリカ大陸から排除することが本当のねらい

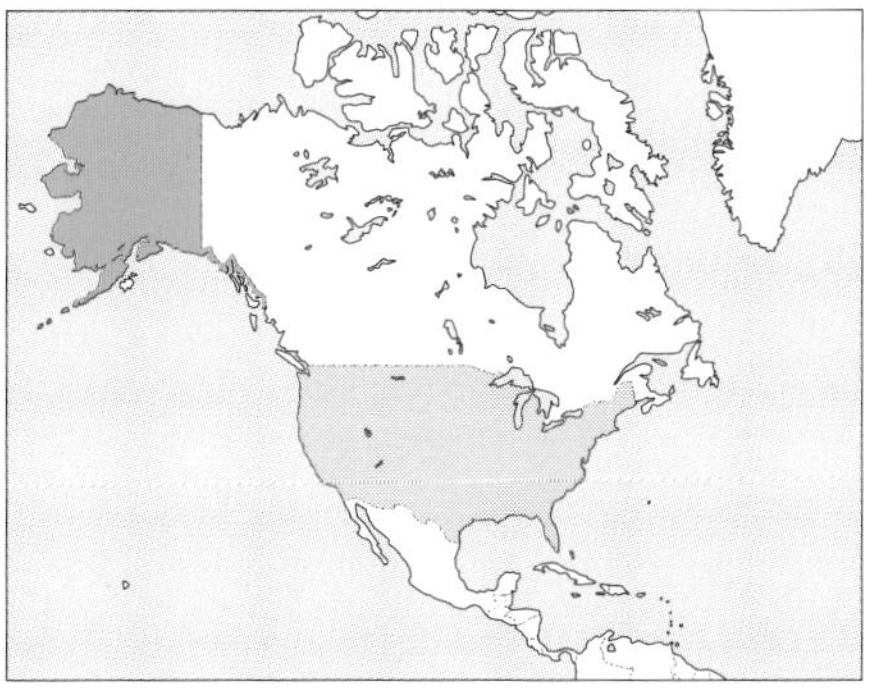

1867年

ロシアからアラスカを購入

アラスカそのものよりもロシアをアメリカ大陸から排除したことに意味がある

北アメリカ大陸の支配を完了させ、ランド・パワーからシー・パワーへ転換をはかる

一方、対外的に示した考え方が**「モンロー主義」**です。「アメリカはヨーロッパのことには口を出さないから、ヨーロッパはアメリカ大陸のことに手を出さないでくれ」というものです。

モンロー主義は、一般に「孤立主義」といわれますが、**本質的な狙いは、ヨーロッパ勢力をアメリカ大陸から排除すること**です。「モンロー主義（孤立主義）＝アメリカ大陸の囲い込み戦略」といえます。

◆大西洋から太平洋に到達！

アメリカは、ヨーロッパ勢力を排除しながら支配領域を広げていきます。メキシコの領土だったアメリカの西海岸も、戦争をしかけて奪いました。これによってアメリカは、大西洋から太平洋にまたがる国家となりました。

もう１つ、１８６７年にロシアの領土だったアラスカを購入しました。アラスカそのものにはたいした価値はありませんでしたが、**アメリカ大陸からロシアを排除したことには大きな意味がありました**。もし冷戦時代にソ連がアラスカに居座ったままだったら、一帯は非常に緊迫した状況に陥っていたでしょう。

ここから第２段階に入ります。**ランド・パワーからシー・パワーに転換**し、「新世界」の外へ、世界覇権をめざして動き出すのです。

アメリカ型シー・パワー戦略とは

マハンの海洋戦略

ランド・パワーを確かなものにしたアメリカ

⬇

世界へ進出し、シー・パワーの膨張へ

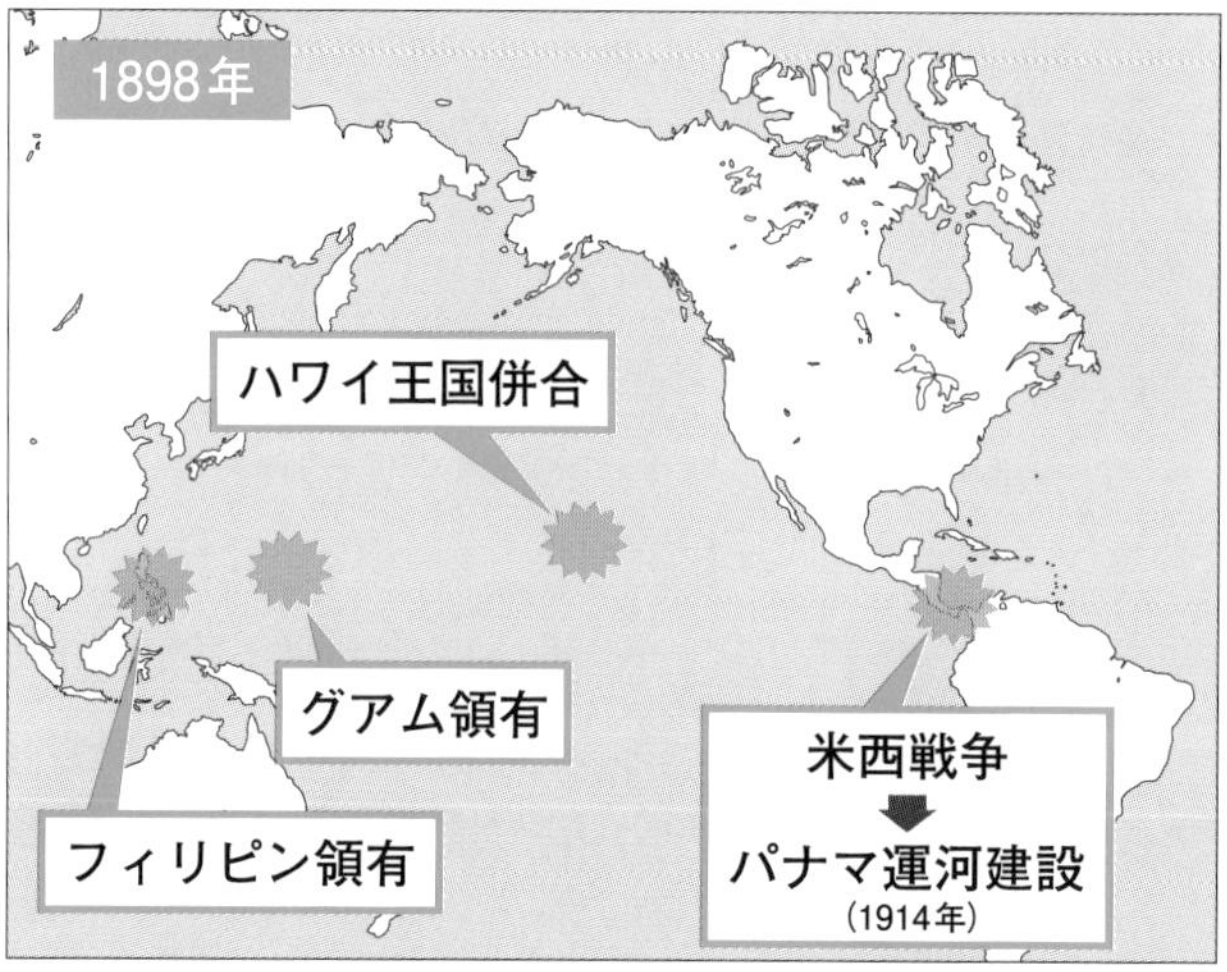

スペイン領だった太平洋上の諸国を領有していった

マハン
〈海軍大将、学者〉

アメリカは「巨大な島国」
⇒攻撃面での不利を補うため
各地に軍事拠点を作っていく戦略

◆孤立した「巨大な島国」

海の向こうに新たなフロンティアを見出したアメリカは、西部開拓時の「明白な天命（マニフェスト・デスティニー）」を拡大解釈し、「世界に自由・人権・民主主義を広める天命がある」といって世界進出を正当化しました。ここから第2段階の**シー・パワーの膨張**がはじまります。

学者のマハンは、シー・パワーの大国が世界の覇権をにぎってきた歴史を根拠に、太平洋や大西洋といった「世界の大きな海洋を支配するものが世界を制する」と訴えました（ワールド・シー理論）。アメリカは、この**マハンのプランにそって世界進出を進めていきます。**

19世紀末に、ハワイ、フィリピン、グアムを領有し、さらに中南米諸国を恫喝《どうかつ》してパナマ運河を建設し、カリブ海を支配します。

北アメリカ大陸をまるごと支配するアメリカは、見方によっては「巨大な島国」ということができます。世界覇権をめざすうえで、ヨーロッパやアジアから遠く、孤立した島国

Point

世界各地に軍事拠点をきずき、覇権をめざす

世界各地に軍事拠点をきずくアメリカ

「島国」としてのシー・パワー戦略

＝

領土拡大ではなく、各地に拠点を展開

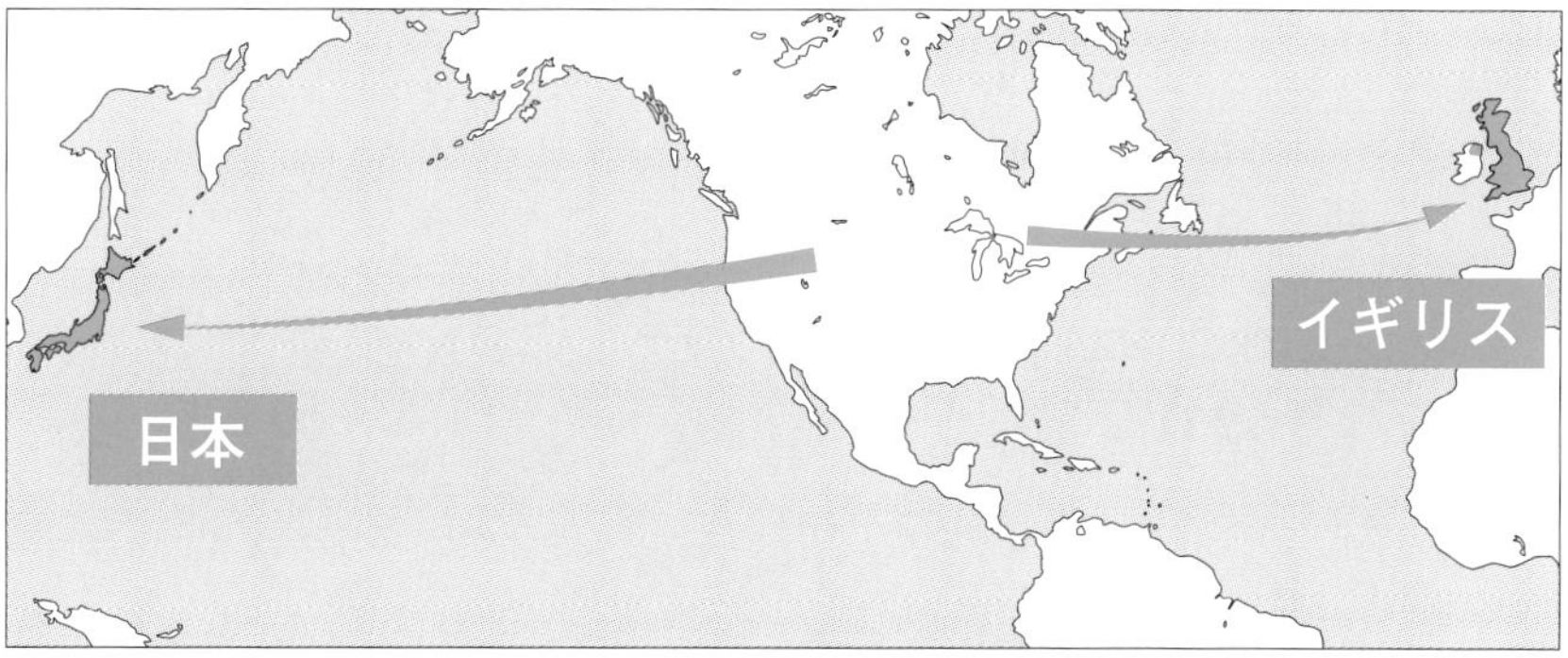

ユーラシア大陸の両端にある日本とイギリスは
シー・パワーの同盟国にもなり、「兵站」に適切

↓

2つの大戦を経て、日本に軍事拠点をきずく

基本的には「孤立主義」を貫くが、
アメリカにとっての「悪」が現れると
「善悪二元論」に基づいて参戦する

は不利です。大洋にはさまれているので防衛上は非常に有利ですが、攻撃するときには戦力を運ぶだけでもたいへんで不利になります。

そこで**アメリカは、世界各地に軍事拠点（「兵站《へいたん》、ロジスティクス」）をきずくことにしました**。アメリカにとって最適な兵站は、ユーラシア大陸の両端にある日本とイギリスです。安全で技術力がある両国は、兵站の条件を満たしていて、シー・パワーの同盟国として信頼がおけるのです。

◆善悪二元論で「正義の戦い」とする

アメリカは、第1次世界大戦でも第2次世界大戦でも、当初は参戦していません。「孤立主義」をつらぬく姿勢を見せました。

ただ、参戦の口実を探しています。そのときのロジックが、**善悪二元論**です。**アメリカはいつも「善」であり、アメリカにはむかう者を「悪」とします**。第2次世界大戦では真珠湾攻撃をきっかけに、日本やドイツのファシズムを「悪」として参戦しました。ただ、アメリカの参戦はあらかじめ決まっていたことでした。参戦口実だけを探していたのです。

善悪二元論というロジックは、そのあとも繰り返し活用されていきます。

「世界の警察官」として覇権を握る

アメリカの「裏庭」で起きたキューバ危機

19世紀

キューバが独立

↓

アメリカが政権を支配
資源はすべてにぎられる

1959年　キューバ革命　反米政権誕生

アメリカ支配に反発、
ソ連と手を取り、アメリカと国交を断絶

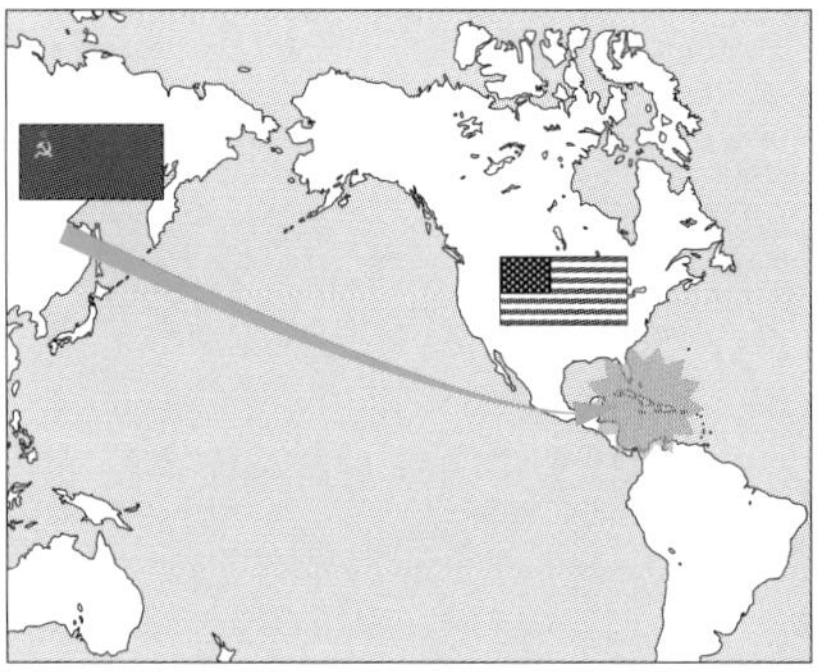

1962年 キューバ危機

ソ連はキューバに核ミサイルを
配置しようとするが、失敗

ランド・パワーのソ連に、
シー・パワーのアメリカに勝る
海軍力はなかった

◆ソ連が迫ったキューバ危機

19世紀、中南米諸国がスペインやポルトガルから独立した際に、これらの独裁政権を経済的・軍事的に支えていたのが、アメリカです。

アメリカ支配に反発して反米政権が誕生した国もあります。キューバではフィデル・カストロが親米政権をたおし、反米政権を樹立しました。これが1959年の**キューバ革命**です。

ソ連と手を結んだキューバは、社会主義国となり、アメリカと国交を断絶しました。**ソ連は、ひそかにキューバにミサイル基地を建設し、核ミサイルの配備を進めようとしました**。しかし1962年10月、これを察知したアメリカのケネディ政権は、キューバ周辺の海を封鎖して圧力をかけ、ミサイルの撤去を求めました。これが**キューバ危機**です。

このキューバ危機を地政学的に見れば、ソ連の戦略はランド・パワーのやり方を逸脱していました。ソ連から遠く離れたキューバにミサイルを配備することは、大きな賭けでし

Point

戦後のアメリカはソ連と対立しながら世界各地で紛争を引き起こした

善悪二元論の陰にあったアメリカの戦略

戦後のアメリカ…「世界の警察官」となる

〝シー・パワー〟＋〝エア・パワー〟で世界の覇権を握る

↓

“ランド・パワー” ロシアとの対立

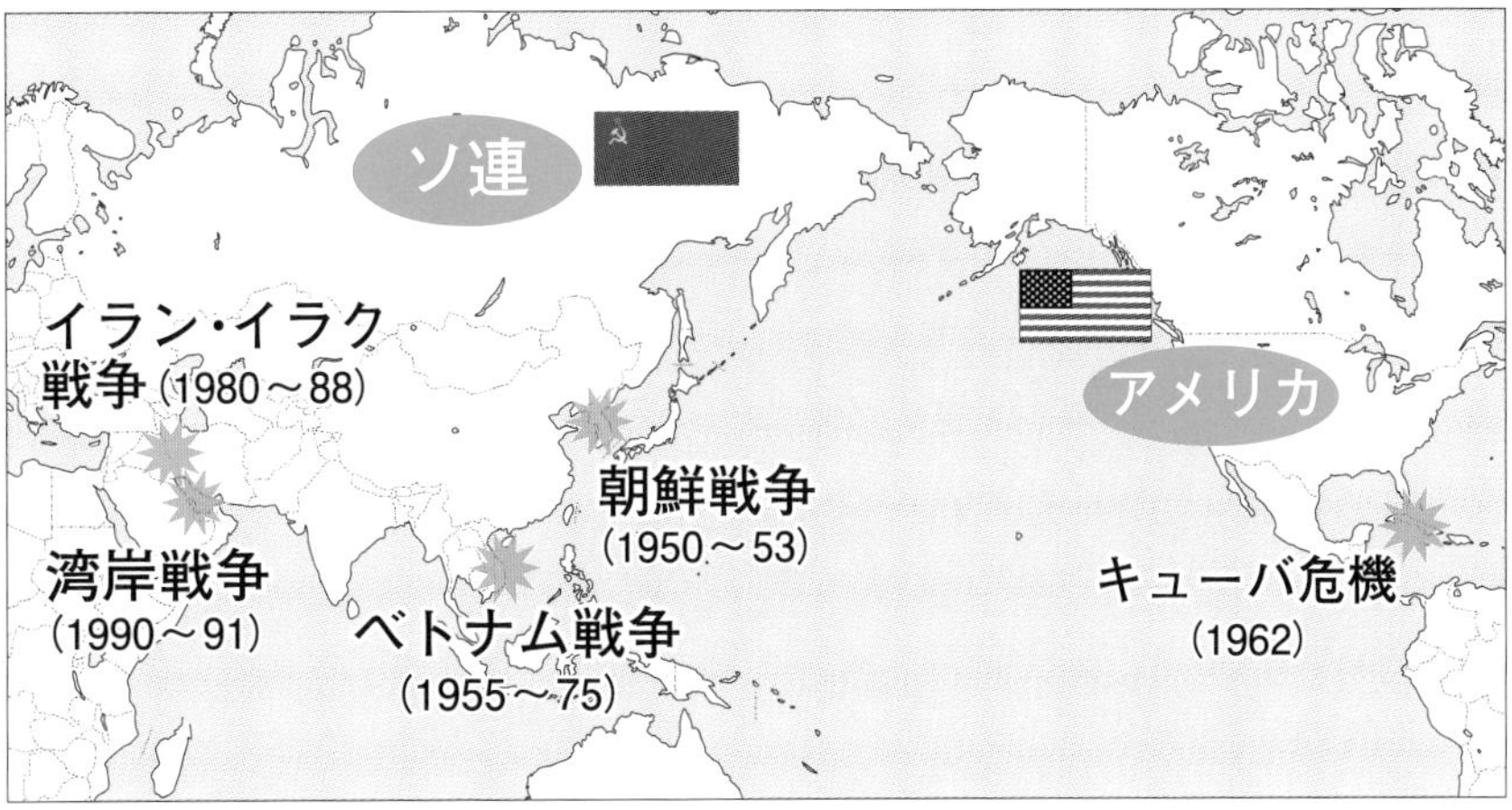

マージナル・シーやリム・ランドを求めて各地で紛争

世界中にテロが増幅し、中東などで混乱を招く結果となった

かありません。結局、シー・パワーのアメリカの海上封鎖を打ち破るだけの海軍力はなく、撤退するしかなかったのです。一方

◆中東の混乱を誘発した？

戦後のアメリカは、世界各地に軍事拠点をおき、**シー・パワーとともに空軍のエア・パワーを展開**しました。「世界の警察官」を自任し、あちこちに目を光らせました。

戦後の冷戦構造は、「自由主義と共産主義の対立」と見られています。しかしその本質は、「シー・パワーのアメリカとランド・パワーのソ連の対立」と見なければいけません。

ソ連は、ユーラシア大陸周辺のリム・ランドに進出し、マージナル・シーをおさえようとします。アメリカはこれを迎え撃つわけですが、それが朝鮮半島では朝鮮戦争となり、インドシナ半島ではベトナム戦争となりました。

アメリカとソ連のせめぎ合いは中東でも起き、それが引き金となってイラン・イラク戦争や湾岸戦争といった紛争を生みました。

冷戦が終わって、9・11米同時多発テロ以降は「イスラム過激派」という新たな「悪」があらわれ、「対テロ戦争」がはじまります。反米感情の強まりがテロを誘発しました。アメリカが自らイスラム過激派を勢いづかせたのです。

第2章
アメリカの地政学

オバマ政権の孤立主義とトランプ政権の自国第一主義

オバマ政権が混沌とした世界を生んだ？

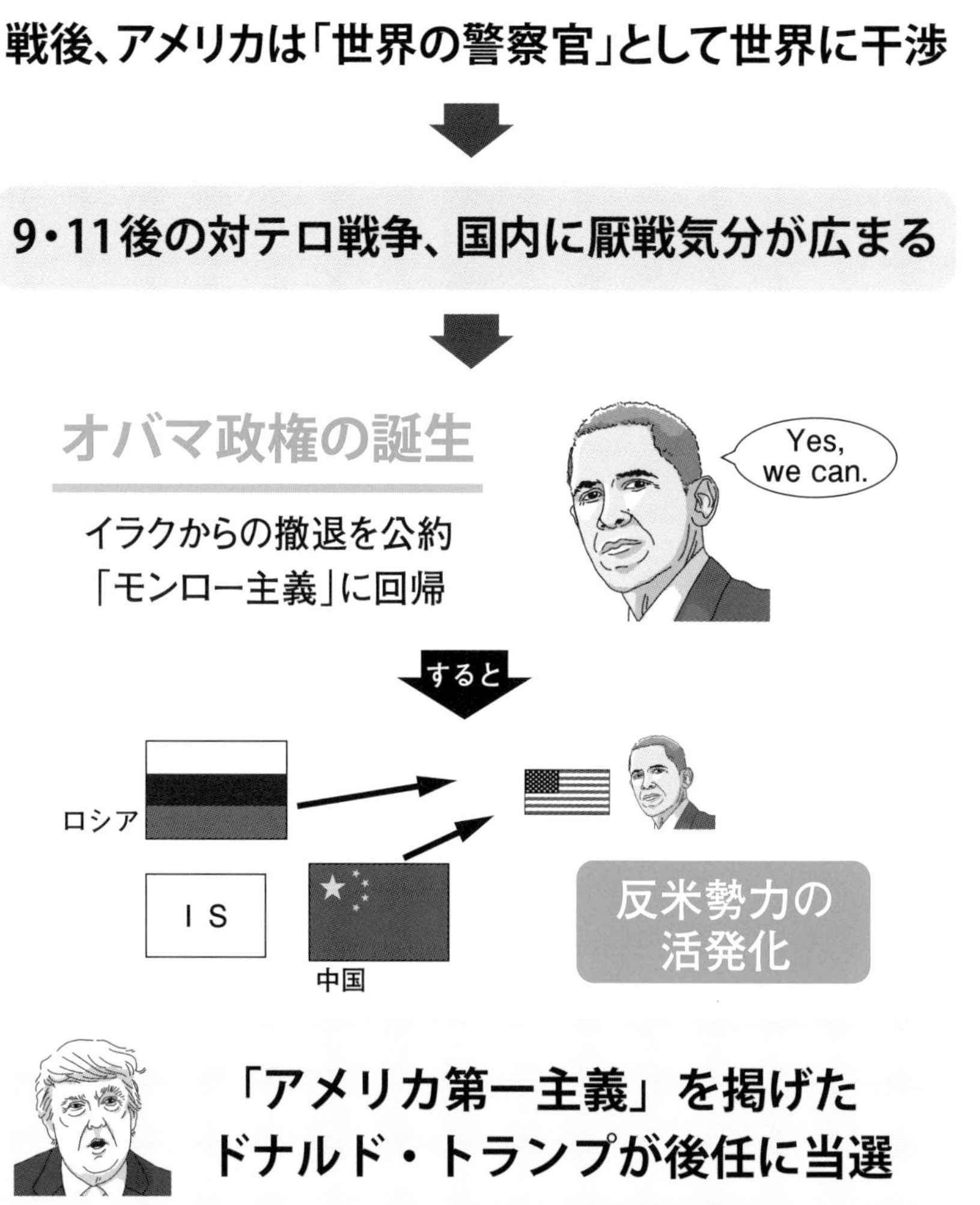

戦後、アメリカは「世界の警察官」として世界に干渉
9・11後の対テロ戦争、国内に厭戦気分が広まる
オバマ政権の誕生
イラクからの撤退を公約
「モンロー主義」に回帰
Yes, we can.
すると
ロシア
IS
中国
反米勢力の活発化
「アメリカ第一主義」を掲げた
ドナルド・トランプが後任に当選

◆反米勢力を勢いづかせた

アメリカ国内に厭戦《えんせん》気分が広まり、さらに、リーマン・ショックを引き金とした金融バブルの崩壊が国民を打ちのめしたとき、オバマが大統領となります。オバマ政権は、戦後のアメリカの基本戦略を転換し、**「アメリカはもはや世界の警察官ではない」といって、2011年にイラクからの完全撤退と終戦を宣言**しました。

これは、「南北アメリカ大陸以外のことには口を出さない」という、戦前のモンロー主義（孤立主義）への回帰です。アメリカ国民はオバマの孤立主義を支持しました。

しかし、**孤立主義によってアメリカが引くと、世界各地で反米勢力が勢いづきました。**中国は東シナ海・南シナ海に進出し、ロシアはクリミア・ウクライナに干渉しました。米軍の撤退でイラクとシリアが内戦状態になると、そこにイスラム過激派のIS（イスラム国）があらわれました。これがまわりまわってアメリカを直撃します。難民問題やテロが欧州

No.4

Point

「世界の警察官」をやめ、自国優位になるよう沖合（オフショア）から勢力均衡をはかる

トランプのオフショア・バランシング

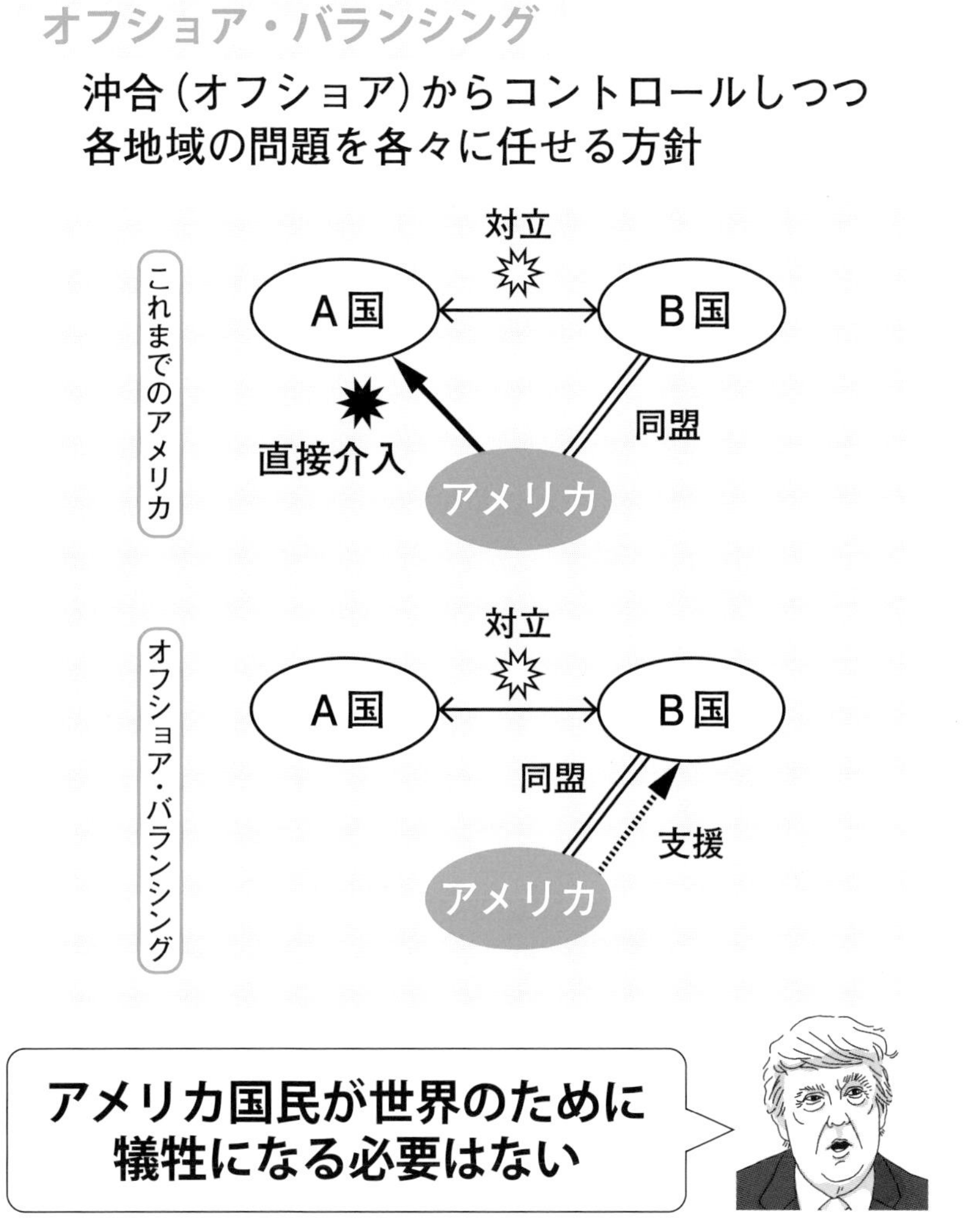

からアメリカに飛び火したのです。

◆トランプのオフショア・バランシング

「反移民」「反グローバリズム」の風潮の中で、２０１７年に「アメリカ第一主義」を掲げるトランプが大統領になりました。

トランプの戦略は「オフショア・バランシング」です。トランプは、オバマ政権と同様に「世界の警察官」としての役割を負うつもりはありません。ただ、オバマ政権と対照的に、トランプはしかるべきターゲットには積極的に圧力をかけていきます。

そのとき、アメリカが全面的に介入しなくても、沖合（オフショア）からコントロールしながら、**地域のことは地域のパートナーにまかせ、相対的にアメリカに有利な勢力均衡が成立すれば、それでよし**とします。これがトランプ流の「オフショア・バランシング」です。

いま、トランプがターゲットとしているのは、急激に台頭する中国です。中国をターゲットに定めたことから、ロシアとは無用な争いはさけ、パートナーとしておきたい考えです。オフショア・バランシングという視点からも、ユーラシア大陸の大国ロシアと中国は対立関係にあったほうがいいのです。

イラン・北朝鮮の核武装を阻止する

No.5

核拡散防止のために動く

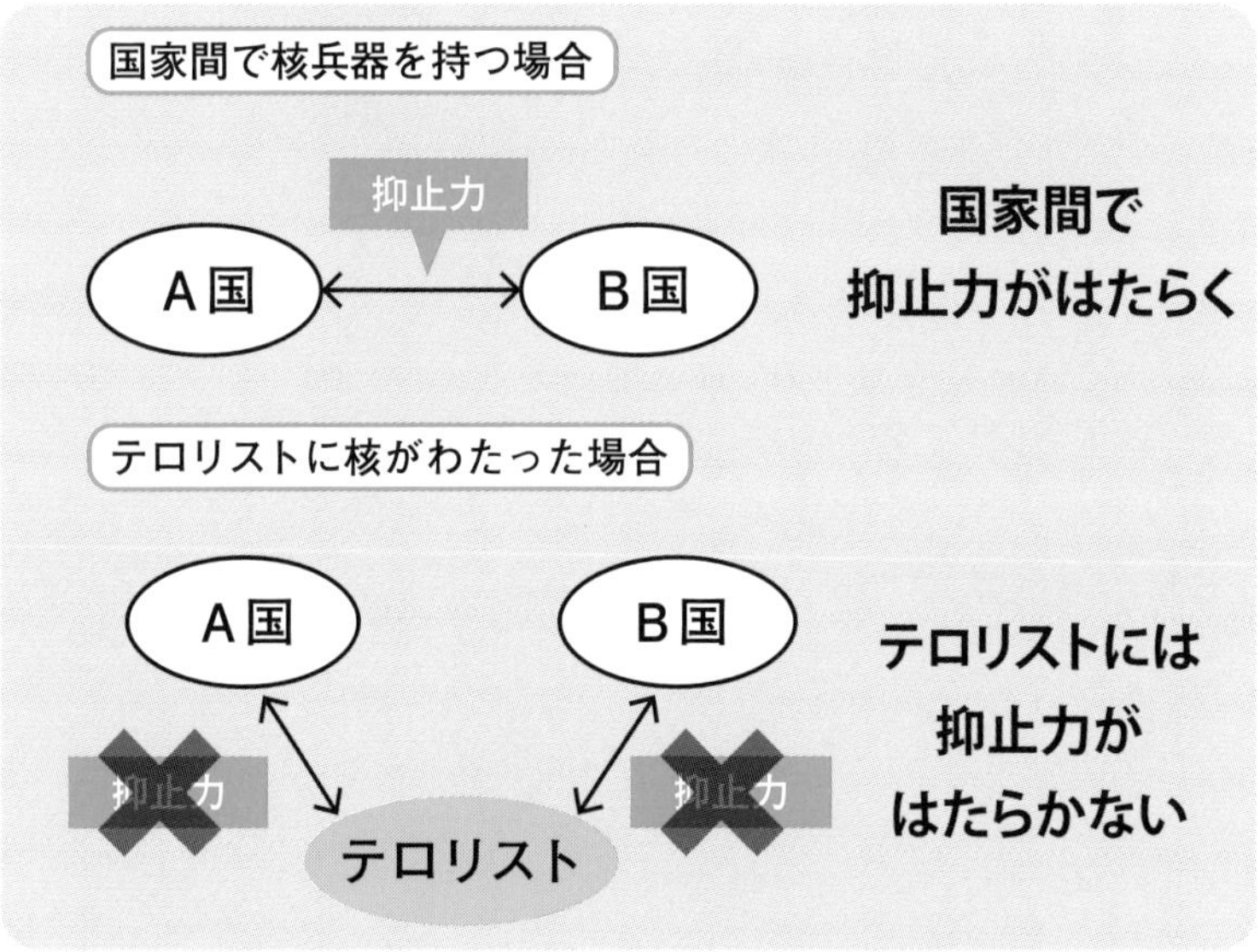

核ドミノが起き、核兵器が
テロリストにわたることは避けたい

◆イラン・北朝鮮を同時に叩く

2018年5月、トランプ大統領はイラン核合意からの離脱を表明しました。その翌月、シンガポールで史上初の米朝首脳会談が開かれました。ほぼ同時期に起きたこの2つの出来事は、一見すると無関係のように見えますが、実はトランプの共通した戦略のうえに実行されています。それが**「核拡散の防止」**です。

イランと北朝鮮に核武装をゆるしてしまうと、ほかのライバル国が核武装する「核ドミノ」が起きる恐れがあります。また、国家レベルでは核武装国家間で相互に抑止力が働きますが、テロリストには抑止力が働きませんから、そこに核兵器がわたることは避けなければなりません。イランと北朝鮮は核開発で協力関係にあるので、両にらみで進めていかないと意味がないのです。

◆制裁を強めながら圧力をかける

Point

核の拡散を防ぐために経済制裁を強めるが廃絶までの道のりはまだまだ遠い

「核開発国」イランと北朝鮮への対策

イランへの制裁

・核合意からの離脱

核開発は制限されるが、2025年から段階的に解除されるなど問題のある内容だった。米英仏独中ロが参加

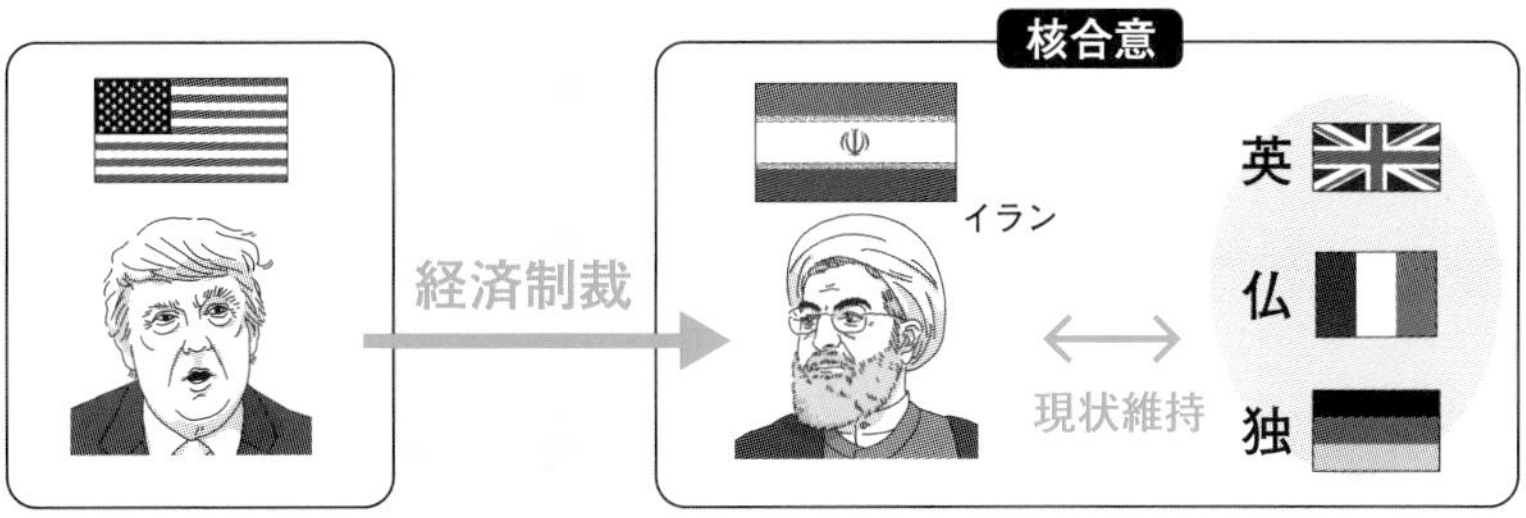

アメリカは核合意から離脱、イランへ経済制裁をかす

北朝鮮との交渉

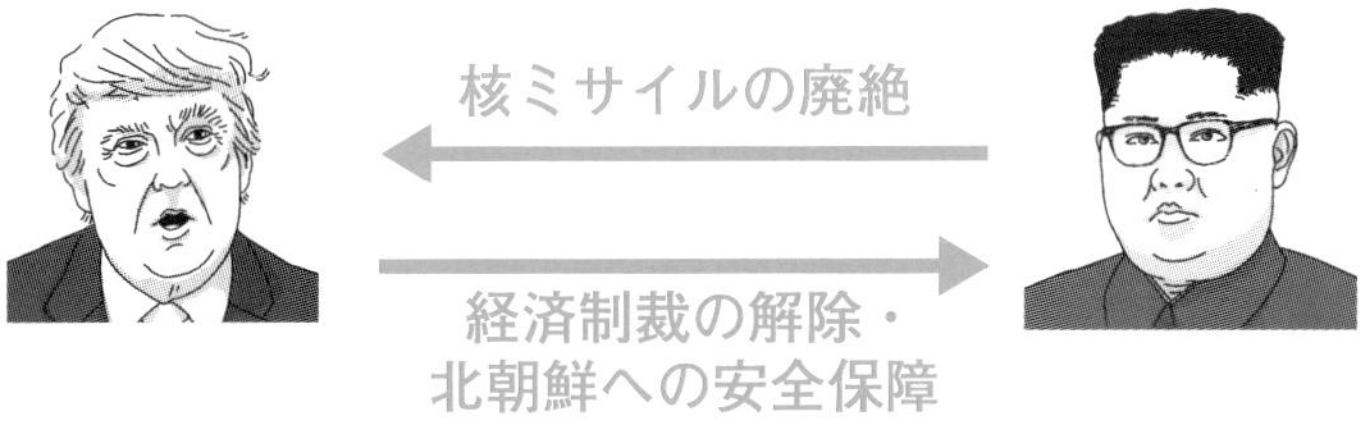

米朝会談で非核化に向けて対話を行う

まずイランに対しては、２０１５年７月に決まった**核合意からの離脱**を決めました。

この核合意は、２０２５年から段階的に制限が解除される、イラン国内には核関連施設が残るなど、初めから問題点が指摘されていました。「現行の欠点だらけの合意を補完する新たな合意」を結ぶよう英仏独に働きかけましたが、英仏独の多くの企業は、エネルギー開発や自動車工場の建設などでイランに進出しています。トランプの主張は通りませんでした。**もしもイランが核武装すれば、ライバルのサウジアラビアも核武装をして、「核ドミノ」が起きるのは確実です。**アメリカはイランに対する経済制裁を再開し、緊張が高まっています。

一方、北朝鮮に対しては、まず中国の習近平に北朝鮮を説得するように要請しましたが、それも無駄だとわかると、**中国なしで解決をはかろうと、北朝鮮への軍事的圧力を強めました。**

２０１８年に入り、米朝対話に向けた流れが一気に加速します。６月12日の米朝首脳会談では、「期日を２０２１年１月として、北朝鮮の核廃絶が行われた時点で、アメリカは経済制裁を解除する」として、在韓米軍の撤退の可能性もあるとしました。

しかし、２０２０年２月にも北朝鮮がミサイル実験を行うなど、核廃絶への歩みは止まっているようです。

米中貿易戦争はどこへ向かうのか

台頭する中国　米中貿易戦争の実情

関税制裁

輸入品 818 品目、
340 億ドル相当に対して 25％の関税

アメリカ

中国

アメリカに対し、同規模の報復関税

通信への制裁

・アメリカ政府関係者は
ファーウェイと
ZTE の使用禁止
・両社を「5G」から排除

貿易・金融経済も“戦争”の道具のひとつ

**中国の経済を封じ込め、
軍事的膨張を阻止する**

◆経済制裁で軍事力を封じ込める

アメリカの覇権に堂々と挑んでいる国が中国です。中国は巨大な経済活動で豊富な資金をつくり、それを原資に軍事的膨張を進めようとしています。東シナ海や南シナ海では、「力による支配」で現状変更を目論んでいます。

これに対しトランプは、中国の経済活動に制裁を加えはじめました。貿易や金融経済も戦争の道具の1つですから、**「米中貿易戦争」がはじまった**といわれています。トランプは、中国の経済を封じ込め、軍事的膨張を阻止したい考えです。

◆中国通信企業もターゲット

トランプ政権は、2018年7月から中国に対する貿易戦争を本格化させました。毎月のように、**アメリカの関税制裁に対して中国が報復する**ということが繰り返されました。

Point

中国に国際ルールを守った貿易を促すため
貿易・軍事の両面から圧力をかける

「航行の自由作戦」で圧をかける

そもそも、なぜ中国に制裁をかすのか？

中国の自国産業保護のみを考えた
国際貿易をやめさせるため

軍事面の制裁

「航行の自由作戦」

中国が軍事要塞化する南シナ海に
ミサイル巡洋艦を派遣

シー・パワーのイギリス
太平洋に領土をもつフランス
⇒協力へ

中国に対して、国際ルールに基づく
自由貿易を促す

最終的な目標はアメリカ経済の再建

もう1つ、トランプ政権の対中戦略のなかには、通信分野の**第5世代移動通信システム（5G）の実用化**をめぐる争いで、ライバルとなる中国の両社を封じ込めようという狙いがあります。5Gは戦闘機の遠隔操作など軍事技術に直結するシステムで、安全保障に関わる非常に重要な問題です。

オーストラリアやインド、イギリス、日本なども巻き込み、「米中5G戦争」がはじまったともいえるのです。

◆航行の自由作戦

軍事面でも米中は緊張度を増しています。

北朝鮮問題に注目が集まるなか、**中国は南シナ海の軍事要塞化を着々と進めています**。スプラトリー諸島の人工島に対艦巡行ミサイルと地対空ミサイルを配備しました。これに対し**アメリカ海軍は「航行の自由作戦」を実施。ミサイル巡洋艦を派遣し、南シナ海において軍事的優勢を取り戻そうとしています**。

この「航行の自由作戦」は、イギリスやフランスも支持しており、各国によびかけて中国包囲網を形成しています。ただ、トランプの目的は米中戦争ではありません。中国に国際ルールを守らせ、最終的には、アメリカ経済を再建することをめざしています。

column 2

宇宙と地政学

スペース・パワーの時代

1957年にソ連がスプートニク1号を打ち上げてから、宇宙空間はスペース・パワーとして地政学的な意味をもつようになりました。

スペース・パワーはエア・パワーの延長ではなく、**独自の戦略思想が研究されています**。たとえば、スペース・パワーのチョーク・ポイントは、ロケット打ち上げ施設になります。人工衛星を静止軌道に送り込むには赤道に近いほうが燃料の効率がいいので、赤道付近の領土をもつ国が有利になります。また、人工衛星からの情報をキャッチする地上基地はスペース・パワーの重要な戦略拠点になります。

宇宙から地上を攻撃!?

スペース・パワーの最大の強みは**「高さ」**です。どんな戦いでも、敵よりも高い位置をとることで優位に立つことができますが、スペース・パワーは究極の「高さ」を手にします。人工衛星などの宇宙飛翔体は、主権国家の許可なく領土の上空を飛ぶことができ、地球上の大部分を監視することができます。収集したデータは瞬時に地上の軍に送ります。

いまのところスペース・パワーの任務は、情報収集・伝達による陸海空軍の戦力の強化がメインですが、宇宙空間から地上のターゲットを攻撃するという本格的なスペース・パワーの研究も進んでいます。

2019年、アメリカは宇宙軍を正式に発足させました。これは宇宙の軍事利用を活発化させる中ロに対抗したものです。フランスも宇宙司令部を創設しました。大国間の宇宙の覇権争いが激しくなっています。

第3章

アジアから世界の覇権をねらう

中国の地政学

シー・パワーへの転換をめざす中国

No.1

ランド・パワーに侵攻されてきた中国

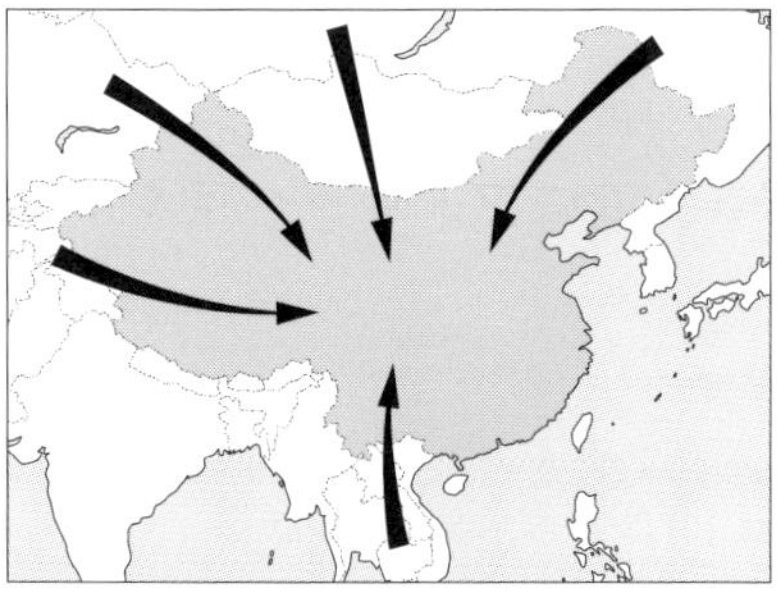

中国の敵は常に
内陸からやって来る

ランド・パワーの国
として強くなった

シー・パワーとの戦い

13世紀　元vs日本

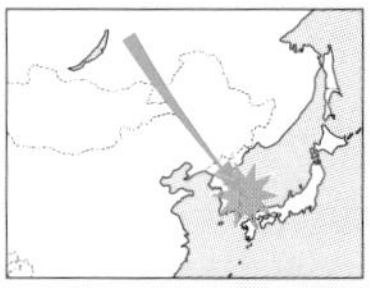

フビライ

海洋進出失敗

16世紀　明vs倭寇（日本）

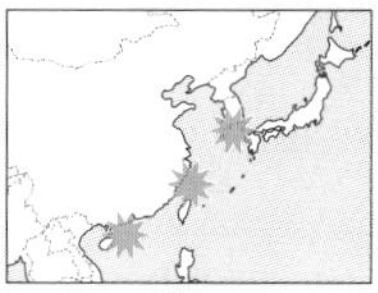

負け

19世紀　清vsイギリスなど

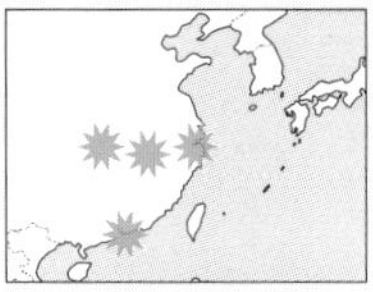

半植民地化

19世紀　清vs日本

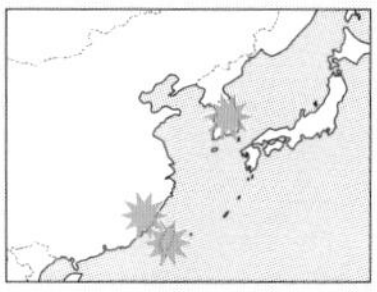

負け

屈辱を晴らすべく海洋進出への野望を抱き続ける

◆中国の海洋進出戦略

長い海岸線をもっている中国ですが、歴史的に**内陸からの侵攻が多く、ランド・パワーの国として強くなりました**。戦後の中国は、ランド・パワーのベースのうえに、シー・パワーを兼ね備えた大国への道を歩みはじめます。

毛沢東《もうたくとう》時代の中国は、ランド・パワーのままでした。しかし、そのころソ連との関係が悪化し、さらにベトナムにアメリカが軍を展開します。南北で両大国に挟まれた状況をまずいと見た鄧小平《とうしょうへい》はアメリカに歩み寄り、日・米からの資本で経済を立て直す方向にむかいました。

そのとき、すでに鄧小平の視線はその先に向いていました。経済を立て直しながら、軍備を増強し、海洋進出をはかろうとしていたのです。

◆狙うは東シナ海と南シナ海

鄧小平時代に打ち出された海洋戦略上の概

Point

ランド・パワーの国だった中国は東シナ海と南シナ海を手に入れて海をめざす

シー・パワー路線への転換期

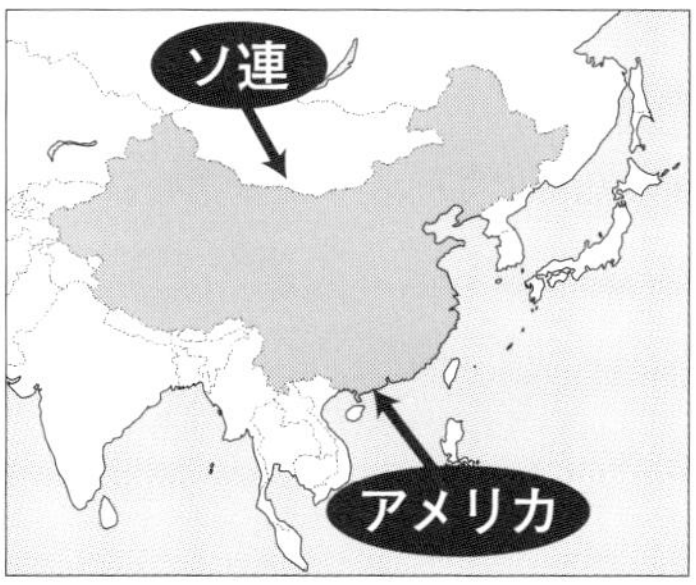

中ソ論争でソ連との関係悪化
＋
ベトナムにアメリカが軍を展開

はさまれた中国

鄧小平

鄧小平《とうしょうへい》が日米との関係改善とシー・パワー路線をすすめる

「第１・第２列島線」の提唱

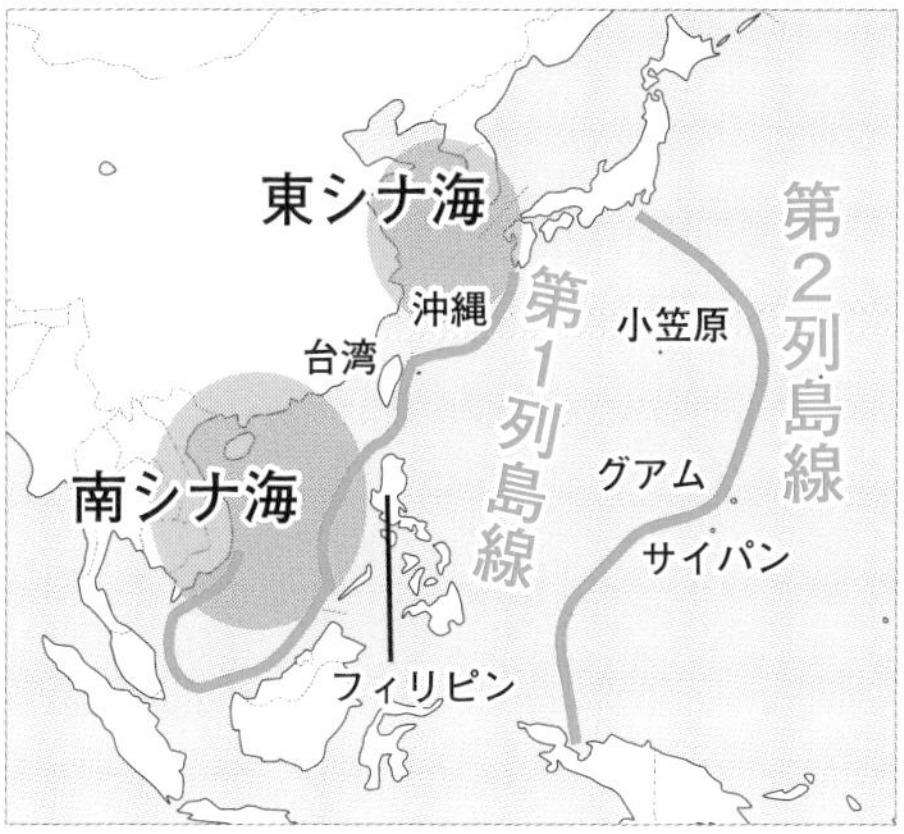

第１列島線
沖縄、台湾、フィリピンを結ぶライン

第２列島線
小笠原、グアム、サイパンを結ぶライン

念が、**「第1列島線」**と**「第2列島線」**です。

第1列島線は、沖縄から台湾、フィリピンを結ぶラインです。第2列島線は、小笠原からグアム、サイパンまでを結ぶラインです。

第1列島線をおさえるため、現段階で問題になっているのが、東シナ海と南シナ海です。

まずは東シナ海ですが、中国はここで尖閣《せんかく》諸島や沖縄を奪いにきています。尖閣諸島は1970年代から中国が領有権を主張しており、近年も周囲に漁船を送り込みながら日本の実効支配を崩そうとしています。沖縄も、在日米軍が撤退すれば、すかさず中国が狙いにくるでしょう。

東シナ海と同じ時期に南シナ海方面へも進出をはじめ、1980年代後半にベトナムとの戦いに勝利したことで南沙諸島を実効支配します。南沙諸島には人工島をつくり、軍事拠点と思われる施設をきずいています。

現在の中国は、南シナ海海域に核ミサイルを積んだ原子力潜水艦を自由に展開したいと考えています。もしも、**中国が南シナ海を領海化すると、軍事力でアメリカと対等になるだけでなく、日本のシー・レーンも分断されることになります。**

トランプ大統領は中国の海洋進出を許すつもりはなく、南シナ海での米中両海軍のにらみ合いは緊張度を増しています。

マージナル・シーの結節点、台湾がほしい中国

中国の内戦を経て誕生した政権

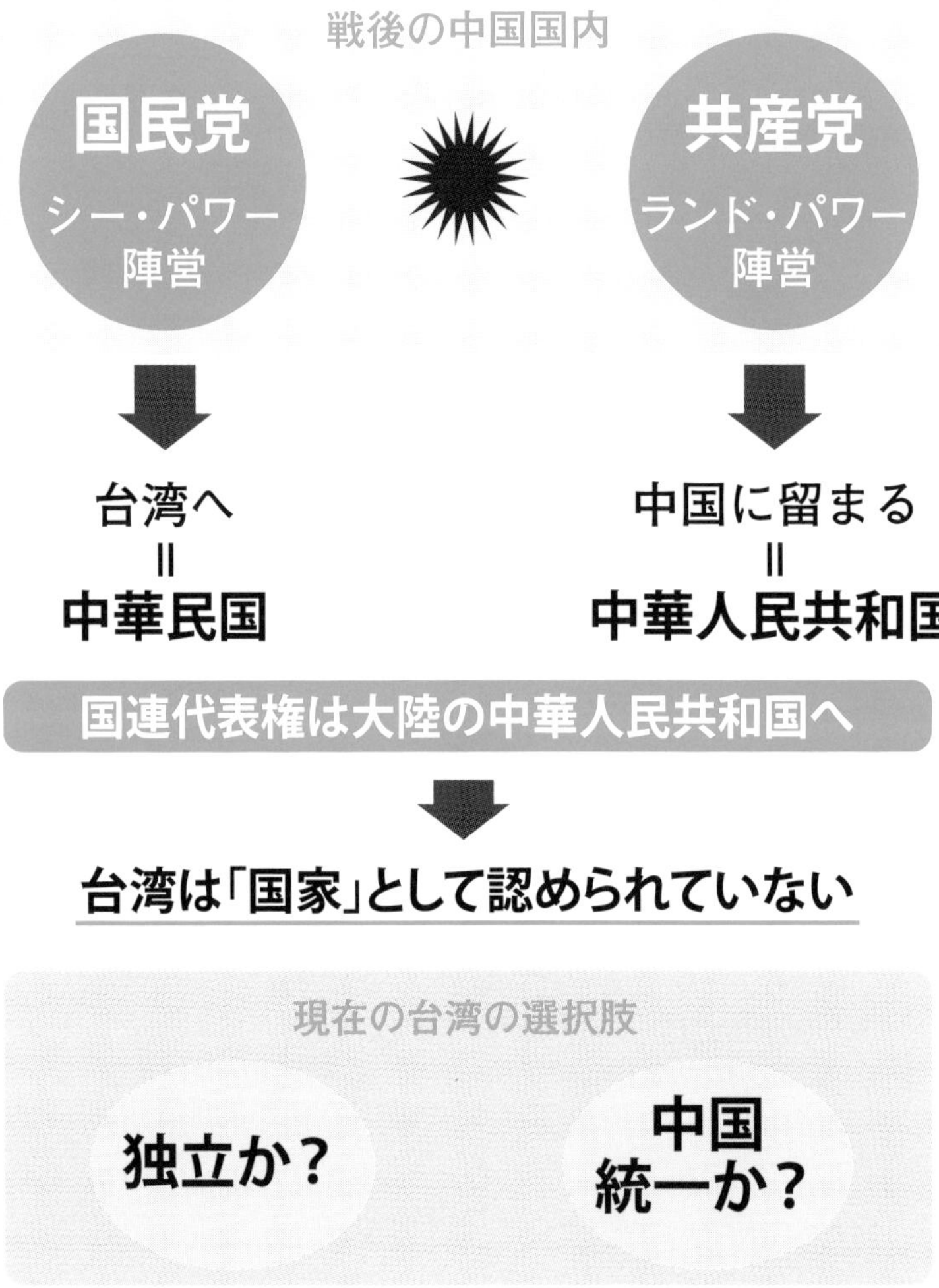

◆中国との統一か台湾独立か

いまの台湾は、中国の内戦で敗れた国民党によってつくられました。蒋介石《しょうかいせき》率いる国民党はアメリカ・イギリスが支援するシー・パワー派で、毛沢東率いる共産党はソ連が支援するランド・パワー派という構図です。

戦後、ソ連とともに満州を占領した共産党は、国民党に勝利し、中華人民共和国を樹立します。一方、**敗れた国民党の蒋介石は、台湾に中華民国の政府をおきました**。

アメリカは台湾の中華民国を支持し、中華人民共和国を認めませんでした。しかし、1971年からニクソン政権が中国との関係改善をはかったことから、国連代表権は中華人民共和国に移行しました。アメリカは1979年から台湾と断交。台湾は国際的に国家として認められない状態となります。

それからの台湾は、「中国との統一」か「台湾としての独立」という2つの選択肢のあいだで揺れ動きます。

Point

台湾は、地政学的に中国の海洋進出を食い止めるための要衝となる

2つのマージナル・シーに挟まれた台湾

台湾の地形

①起伏に富み、標高の高い山もある
②2つのマージナル・シーに挟まれている

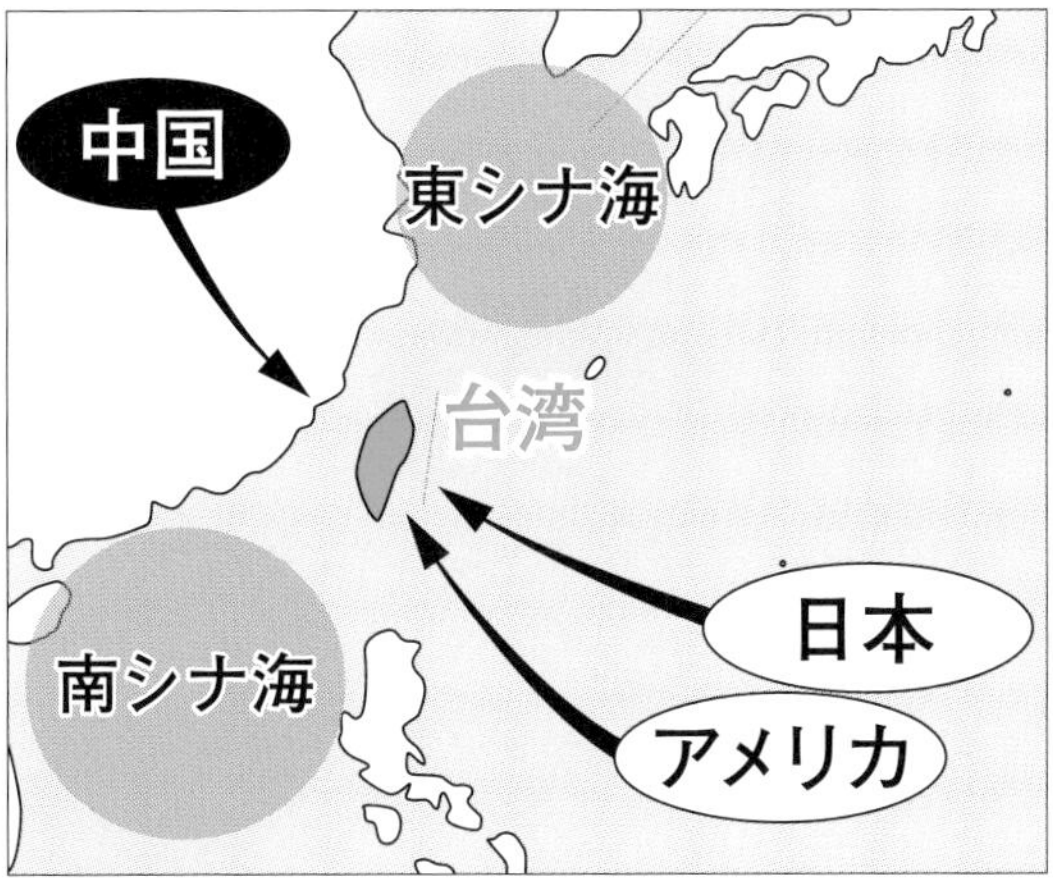

台湾の地政学的役割

中国の海洋進出を食い止める防波堤

台湾を奪われると、2つのマージナル・シーの支配に直結

⇒同じシー・パワーのアメリカや日本が背後から台湾をサポートする必要がある

◆中国に対する防波堤

台湾は、東シナ海と南シナ海という2つのマージナル・シーのあいだにあって、そのちょうど結節点に位置します。地形は起伏に富んでいて、日本の植民地時代には日本一高い山となった玉山《ぎょくざん》（新高山《にいたかやま》）が中央にあります。こうした地形を利用してレーダーやミサイル発射台を設置すれば、南シナ海を軍事的に手中に収めることは可能です。

中国の台湾支配は、東シナ海も南シナ海も奪われることに直結します。台湾は、中国の海洋進出を食い止める重要な防波堤なのです。

台湾はシー・パワーの島国ですから、背後から補給を行う後背地《こうはいち》が必要です。日本やアメリカが後背地となってサポートする必要があります。中国は核兵器を持っているので、アメリカの存在は不可欠になります。

アメリカは台湾と断交していますが、実際には台湾へのサポート体制を強化しています。1979年に「台湾関係法」を成立させ、台湾を国家と同様にあつかい、台湾防衛のために武器などの援助ができるとして、台湾が独立しようとすれば助けることができます。

すでに台湾軍は米軍の統治下にあり、いくら中国といえども、武力で台湾を占領することは難しい状況になっています。

香港と「一国二制度」の問題点

「一国二制度」は「一つの中国」への入口

所属は中国 ＝ 一国
高度な自治 ＝ 二制度

返還された香港・マカオに対して制度を適用

しかし

香港にはすでに中国が入り込んでいる

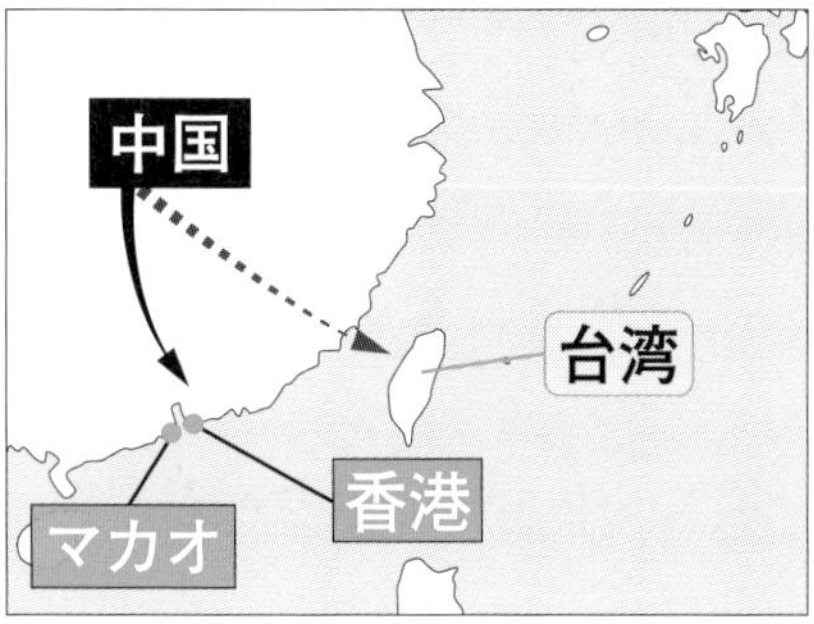

◆2014年　雨傘革命
◆2019年　大規模デモ

中国の介入に対する
香港市民の不満が噴出し
デモが相次ぐ

香港の対中警戒感は台湾にも伝播

◆不満が爆発した雨傘革命

中国は90年代に2つの地域を取り戻しました。1つはイギリスの植民地だった香港、もう1つはポルトガルの植民地だったマカオです。

中国は、この香港とマカオに対して、**「一国《いっこく》二制度《にせいど》」**の原則を示しました。つまり、**香港とマカオは中国という国に属する**けれど（一国）、植民地返還から50年間は、中国大陸の社会主義制度を導入することなく、**それまでの資本主義制度や生活様式を維持させ、「高度な自治」を認める**（二制度）というものです。

しかし、実際の香港の状況を見てみると、「制限された自治」となっています。中国から政治介入があるほか、中国人民解放軍や中国公安部の部隊が駐留しています。

香港市民もこれには黙っていませんでした。2014年には、香港行政長官選挙の候補者が中国共産党寄りの人物に制限されていたことに反発し、若者を中心としたデモ隊が、香港の民主化と自治を訴え、市内各地を長期間

Point

「一国二制度」はあくまで建前で、現実には中国から政治面・経済面で介入されている

台湾は「一国二制度」に反発の姿勢

「一国二制度」

＝

香港・マカオを足掛かりにして台湾を統一するための制度だった

鄧小平

武力での統一は難しいので、
現地制度を維持したまま
徐々に統一していこう

↓

蔡英文政権は拒否の姿勢

一国二制度を絶対に受け入れない
大多数の台湾の人々も
断固として反対する

蔡英文

↓

2020年1月の総統選では圧勝、今後も中国切り離し政策を進めるか

占拠しました。これが「雨傘《あまがさ》革命」です。雨傘革命は、**一国二制度の欺瞞《ぎまん》が表面化**した事件だったのです。

さらに2019年には、香港政府が公表した逃亡犯条例改正案（容疑者の身柄を中国本土に引き渡すことを可能にする内容）に市民が反発し、大規模な抗議デモに発展しました。こうした香港の対中警戒感は台湾にも伝播しています。

◆反発を強める台湾

「一国二制度」は、そもそもが台湾統一を想定した制度でした。

しかし、台湾の蔡英文《さいえいぶん》政権は独立路線を強く打ち出し、「一国二制度を絶対に受け入れない」という声明を出しています。2020年1月の総統選は、その蔡英文が圧勝。**香港デモを見ていた台湾市民は、「一つの中国」の入口でしかない「一国二制度」を拒否**しました。

その直後、蔡英文政権は、中国・武漢《ぶかん》を発端とする新型コロナウィルスを「指定感染症」といち早く定め、中国からの入境を制限するなどの厳しい措置を矢継ぎ早に打ち出しました。この対応が評価され、支持率は急上昇。蔡英文政権は、新型コロナ危機を機に、「中国デカップリング（切り離し）」を進めています。

ユーラシア支配を狙った中国の「一帯一路」

中国の投資戦略

AIIB（アジアインフラ投資銀行）

2014年10月設立
アジアの開発途上国を対象とする投資機関

良い点

- 環境や人権面の問題を不問にして資金を貸し出す
- 途上国にとっては融資を受けやすい

問題点

- 中国の利害との結びつきが強い
- 中国のみが拒否権を持っており、適切な審査が行われているのか不透明

↓

それでも参加国は途上国だけにとどまらず、ロシアやヨーロッパ諸国も参加

加盟国は100の国・地域に及ぶ（2019年12月現在）

↓

世界中に中国資本を展開する「一帯一路」戦略への足がかりとなる

◆一帯一路でハート・ランドを狙う

中国は経済成長で得た豊富な資産を武器に、覇権をめざして「投資」戦略をとりました。その具体策が**「AIIB」**と**「一帯一路《いったいいちろ》」**です。

アジアインフラ投資銀行（ＡＩＩＢ）は、２０１４年10月に設立されました。アジアの開発途上国を対象とする投資機関です。ＡＩＩＢは、**環境や人権面の問題を不問にして資金を貸し出したため、途上国にとっては融資を受けやすくなります**。結局、ＡＩＩＢには途上国やロシアだけでなく、ヨーロッパの多くの国が参加を決めました。

ただＡＩＩＢは、中国に本部があって、総裁も中国人、３割を出資する中国のみが拒否権をもっています。国際機関として適正な運営ができるのかはかなり疑わしいのです。

一方、「一帯一路」は習近平政権が２０１３年から打ち出している戦略です。古代シルクロードのように、**中国とヨーロッパを陸路（一**

Point

中国は資金力を武器に途上国を支援し、ユーラシア大陸に巨大経済圏を構築する

中国資本を展開する「一帯一路」戦略

一帯一路

中国とヨーロッパを陸路と海路で結ぶ
2013 年から習近平政権が打ち出した戦略

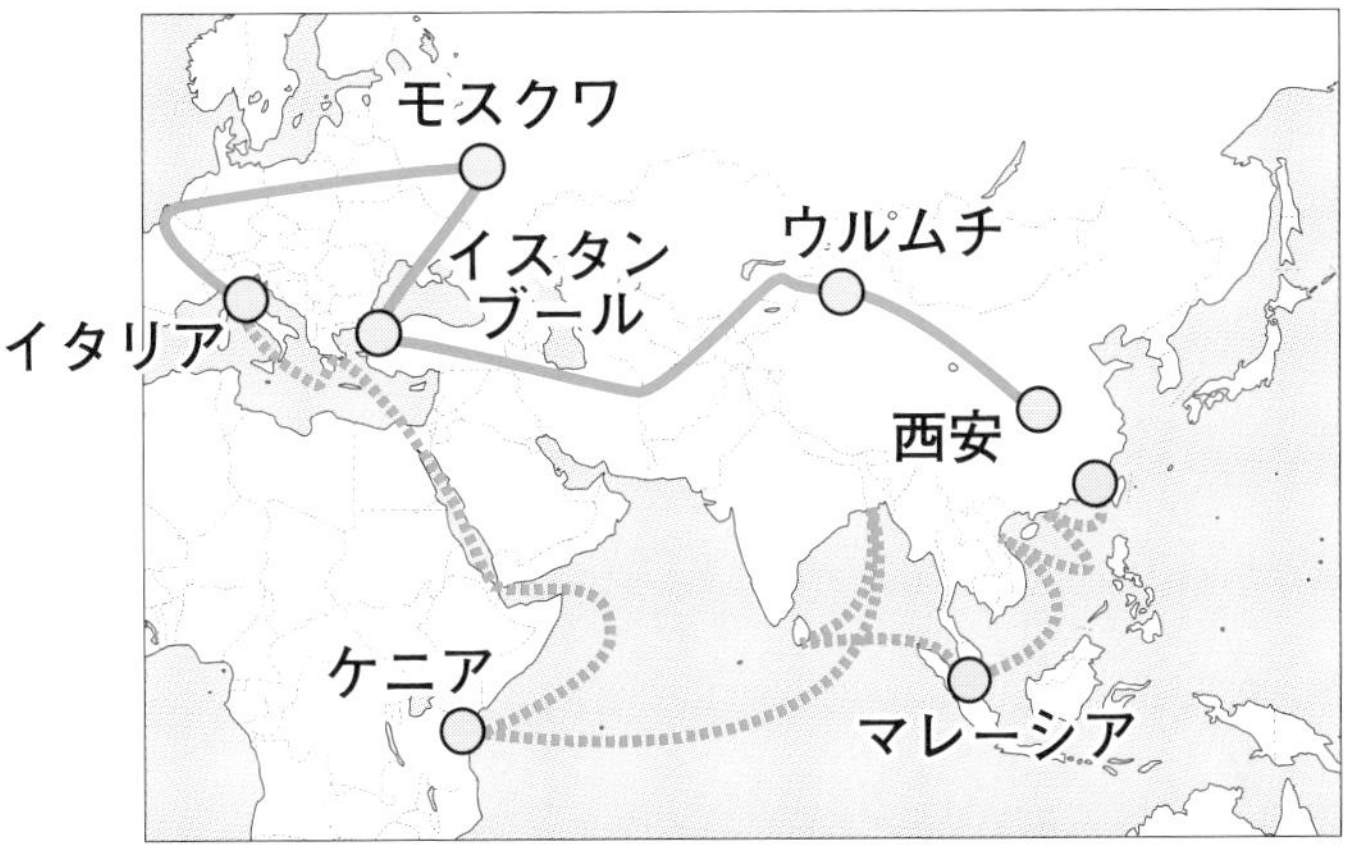

ユーラシア大陸に巨大経済圏を作る

Ⅱ

ハート・ランドとシー・レーンの両方をおさえることが目的

戦略面での重要拠点にあたる相手国を借金漬けにすることで支配している

帯）と海路（一路）で結び、ユーラシア大陸に巨大経済圏を構築するというものです。

「一帯一路」には地政学的な野望もすけて見えます。ハート・ランドにあたるユーラシア大陸にインフラ事業を媒介とした中国中心の巨大経済圏を構築し、これを土台としてアメリカの覇権に挑みたい。これが「一帯一路」が描く真のシナリオなのです。

◆重要拠点をおさえる戦略

一帯一路にも各所で軋《きし》みがでてきています。**「中国がやっていることは、開発途上国の支援という名を借りた支配戦略ではないか」**という疑いがでてきているからです。

実際、中国は、相手国を借金漬けにして抵抗できなくし、戦略的な重要拠点をおさえるということをやっています。スリランカでは、2017年、中国の融資で建設したハンバントタ港が、借金返済の滞りを理由に中国に奪われました。この港は、「真珠の首飾り」（P53）と呼ばれるシー・レーンの拠点であり、まさに中国の思う壺となってしまったのです。

アメリカは、海外インフラ投資の新しいファンドを立ち上げ、中国の海外投資に対抗しています。うまくいけば、中国が狙うインフラ利権はアメリカにもたらされる可能性があります。

column 3

海流と地政学

❖イギリスと日本の違い

海をもつ国はどこでも同じようなシー・パワーの国になるかというと、そうではなく、**海の性質に左右されるところがあります。**なかでも海流があたえる影響は大きいです。

たとえば、イギリスを見てみると、フランスとのあいだにあるドーバー海峡は、遠泳コースになるほど穏やかです。イギリスからは、偏西風《へんせいふう》にのって出撃しやすい環境にあり、実際、中世にはイギリス国王はフランス国内に領地をもっていました。

一方の日本はどうかというと、世界でも最大級の強い海流である**黒潮《くろしお》**が太平洋側を流れ、その支流が対馬《つしま》海流となって朝鮮半島とのあいだを流れます。大型船でもなければ、朝鮮半島や中国大陸との往来は命がけの旅となりました。それほど**航海のリスクが高いことから、日本が朝鮮半島に領地をもつようなことは近代まで起きませんでした。**

イギリスがシー・パワーで世界覇権を唱えたのとは対照的に、じつは日本のシー・パワーは激しい海流に遮られ、海外に進出するほど発達しなかったのです。ただ逆にいうと、激しい海流によって日本の国土はつねに守られてきたといえます。

❖瀬戸内ルートが発達

日本でも、瀬戸内海は古来からシー・レーンとして発達しました。内海なので穏やかで、一年中安全な往来が可能だったからです。神武東《じんむとう》征《せい》のルートになったことも象徴的です。**こうした海域ではシー・パワーが発達します。**中世、村上水軍《むらかみすいぐん》が活躍したのは瀬戸内海でした。

日本近辺の海流

日本列島の周囲に流れる強い海流「黒潮」

↓

外海に出るのは難しいが、守りが固い

同じシー・パワーの国でも
近海の環境次第で戦略は異なる

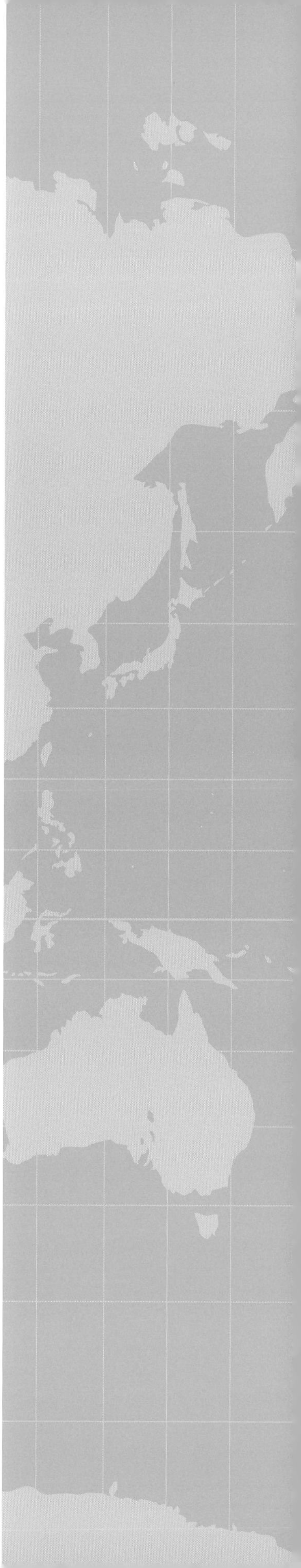

第4章

大国の情勢を映す

アジアの地政学

大国のバッファゾーンとなる朝鮮半島

No.1

常に大国のバッファゾーンだった朝鮮半島

朝鮮半島は常に大国がせめぎあうバッファゾーン

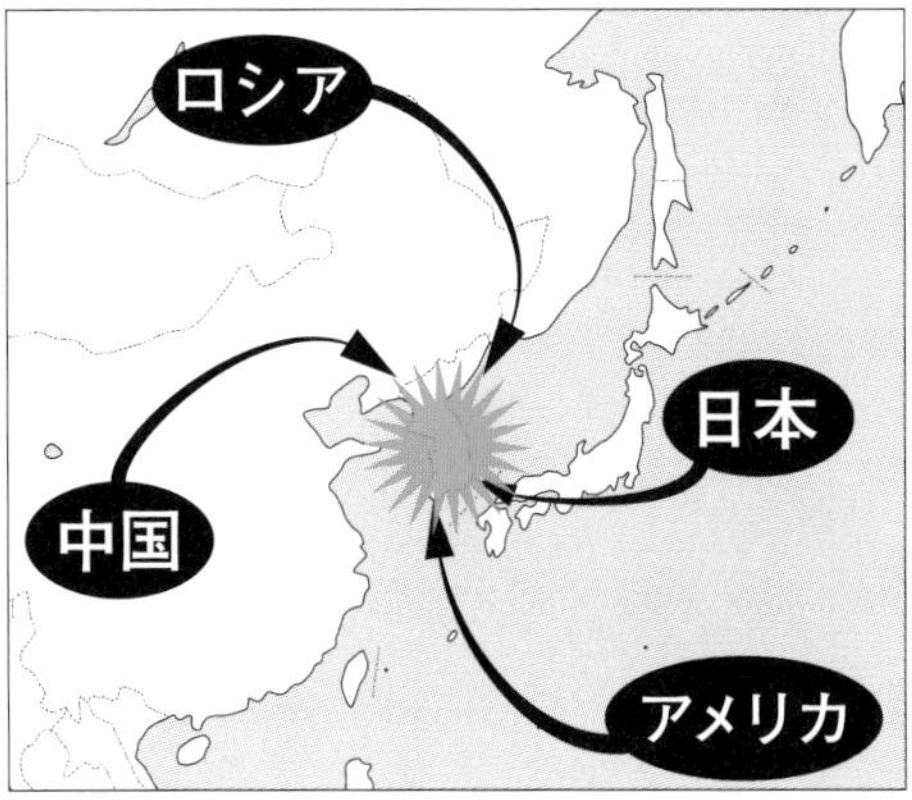

例

・日清戦争（1894）
清の弱体化に伴い、シー・パワーの日本が攻め込む

・日露戦争（1904）
清の弱体化に伴い、ロシアが南下してきたことで
日本がその侵攻をくいとめる

ランド・パワーの反日勢力を朝鮮半島で退ける戦い

朝鮮半島にとって中国はもっとも関係の深い国

◆朝鮮半島は戦場となる宿命

中国大陸から海洋につきでた朝鮮半島は、各国のパワーがせめぎあうバッファゾーンになります。**中国にとっては日・米など海洋からの侵略を防ぐための、日本にとっては中国の歴代帝国や南下するロシア（ソ連）からの侵略を防ぐバッファゾーン**となりました。

朝鮮はつねに、国境を接する歴代の中華帝国の脅威にさらされてきました。それでも、中国の侵攻に対して抵抗と忠誠を使い分けながらうまく渡り合ってきたのです。その意味では、よくも悪くも、朝鮮にとってもっとも関係の深い国はランド・パワーの中国になります。

19世紀後半に中国（清）が弱体化すると、シー・パワーの日本が朝鮮半島をうかがうようになり、その対立が日清戦争に発展して、日本が勝利します。

清の力が衰えると、こんどはロシアが南下してきました。日本はロシアの侵入をくいとめるべく、イギリスと同盟してロシアと戦い

Point

南北に分かれたバッファゾーンの朝鮮半島は中国との距離を縮めつつある

戦後の朝鮮半島

1950～53年　朝鮮戦争

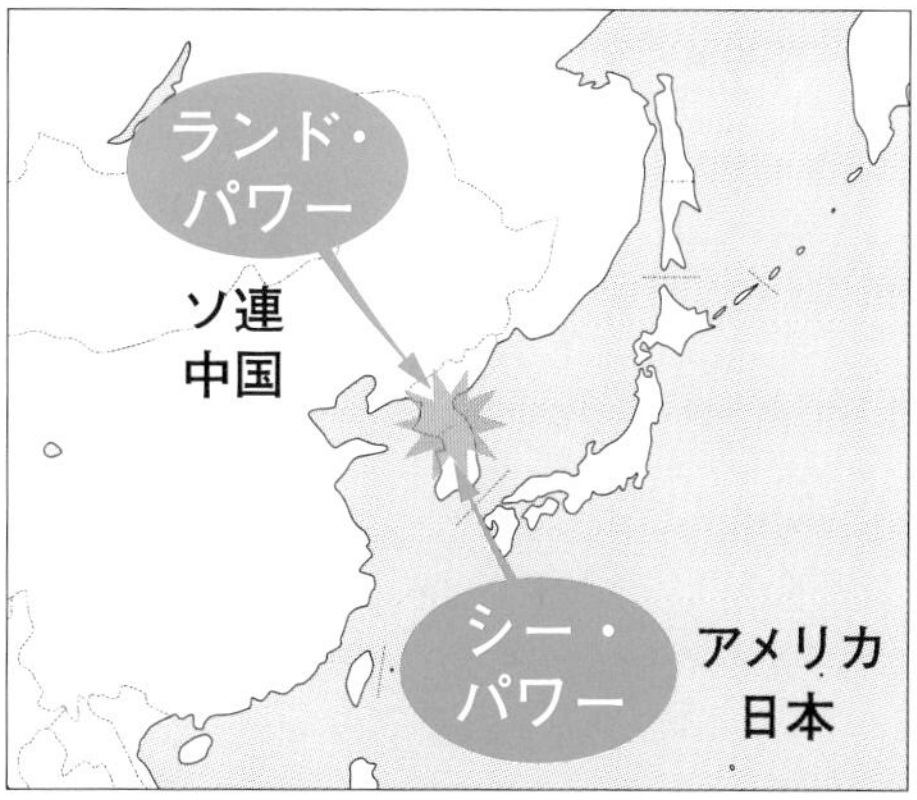

アメリカとソ連による代理戦争

韓国の戦後

シー・パワー化し、日米陣営に入る

↓

中国が大国化するなかで、中国寄りになっている

北朝鮮の戦後

「主体思想《チュチェ》」を掲げ、自立の道を探る

↓

核問題による経済制裁を受け、中国に支援を求める

ました。これが日露戦争です。

結局、日本にとっての日清・日露戦争は、ランド・パワーの反日勢力を朝鮮半島というバッファゾーンで退けるための戦いでした。

◆南北の支援国が大転換

戦後の朝鮮戦争は、はじめは**「アメリカ支援の韓国vsソ連支援の北朝鮮」**でしたが、途中から中国が参戦し、米中戦争の様相をなします。

朝鮮戦争の結果起きたことは、韓国のシー・パワー化です。韓国は北朝鮮をはさんで中国大陸と分断され、実質的に「島国」となり、同じシー・パワーの日米の陣営に入ります。

しかし、日米にかつての勢いがなくなり、反対に中国が経済的・軍事的に大国化するなかで、**韓国は日米と距離をとり、中国との距離を縮めるようになりました。**

一方、朝鮮戦争後の北朝鮮は、中国・ソ連にも支配されずに自立的にやっていく道を探りました。しかし、核開発問題で国際的な経済制裁の対象となったことで、**中国に支援を求め、結果的に中国への依存度を高めていきました。**

これは中国からすると歓迎すべき状態です。韓国にいる米軍と直接対峙しないために、中国は北朝鮮への影響力を高め、自国に有利なバッファゾーンとして機能させたいのです。

北朝鮮の非核化と対アメリカ関係

非核化に向けた米朝の歩み寄り

STEP 1 中朝関係のゆらぎ

親中派の北朝鮮の要人が相次いで殺害される
⇒北朝鮮の非核化に対し、中国は非協力的に

STEP 2 米朝接近

中国を頼らない方法で、非核化をめざす
⇒軍事的圧力をかけながら対話に向けた選択肢を提示

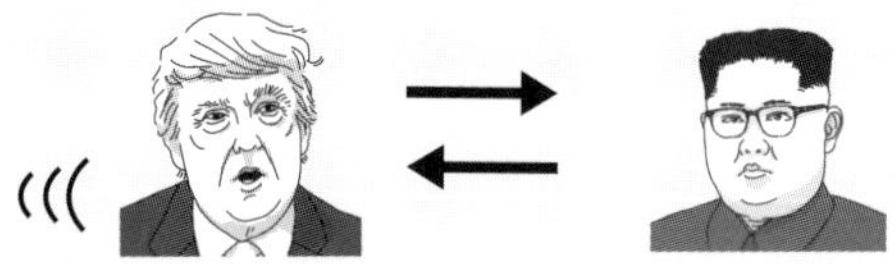

STEP 3 米朝会談の実現

2018年6月、2019年2月の米朝首脳会談
⇒北朝鮮に非核化の姿勢は見えず、膠着状態

非核化すれば
経済制裁を解除する
核開発施設は
手放したくない

◆進まない非核化

北朝鮮に金正恩《キムジョンウン》政権が誕生し、さらにアメリカでトランプ政権が誕生してから、米朝関係は接近しました。

北朝鮮の非核化に協力の姿勢を見せない中国に対し、トランプは、「中国なしで解決を図る」として、2017年、朝鮮半島周辺に強大な軍事力を見せつける行動に出ました。

このときトランプは、ただ北朝鮮を脅すだけでなく、正しい選択肢を示したうえで、核放棄を迫ったと考えられます。それが2018年に入ってからの米朝対話に向けた流れをつくりました。その正しい選択肢とは、**「核を放棄すれば、安全の保障を与える」**というものです。

金正恩は体制の生き残りを選び、2018年6月12日の米朝首脳会談では、北朝鮮の核・ミサイルの廃絶が行われた時点で、アメリカは経済制裁を解除する合意がなされました。

ところが、それ以降も北朝鮮は非核化をすすめる様子はなく、2019年2月の2度目

Point

2019年2月の首脳会談を最後に米朝関係と北朝鮮の非核化は変化を見せない

親北の姿勢を見せる韓国

韓国の基本的な立ち位置

大国に囲まれ、大国の情勢に左右される

↓

その時々の、もっとも強い国につく

戦後の韓国

日・米と関係を築く

現在の韓国

中国・北朝鮮との距離を縮めたい文在寅《ムンジェイン》政権

↓

日本に対して、元徴用工問題を蒸し返したりGSOMIAの破棄をチラつかせたりと強硬的な姿勢を見せる

の米朝首脳会談でも合意にいたりませんでした。北朝鮮側は、寧辺《ニョンビョン》の一部の核施設の閉鎖と引き換えに経済制裁の主要部分の解除を求めたようですが、アメリカは拒否しました。

この会談からは、**経済制裁の解除よりも、核施設をなんとか死守したいという北朝鮮の思惑**が見えてきます。

◆親中・反米・反日の韓国

韓国では独立以来、反日教育が行われていますが、冷戦中は日本の支援が必要だったことに加え、日本としてもバッファゾーンを守る目的から、政治レベルでは日韓友好が基本となっていました。

情勢が変わったのは、冷戦の終結以降です。韓国の最大の輸出先である中国が経済的・軍事的に大国化し、**韓国では親中派が勢いを増しました**。

現在の文在寅《ムンジェイン》政権では、「親中・反日・反米」、そして**「親北」**が加速しています。北朝鮮への国際的な経済制裁にも足並みをそろえず、「人道支援」と称して事実上の制裁破りも行っています。日本に対しては、解決済みの元徴用工問題を蒸し返すほか、GSOMIA（軍事情報包括保護協定）の破棄をチラつかせるなど、強硬姿勢を見せています。

東南アジア諸国の戦略

中国と対峙し続ける東南アジア

国力の弱い東南アジア諸国にとって重要なこと
॥
有利なパートナー探し

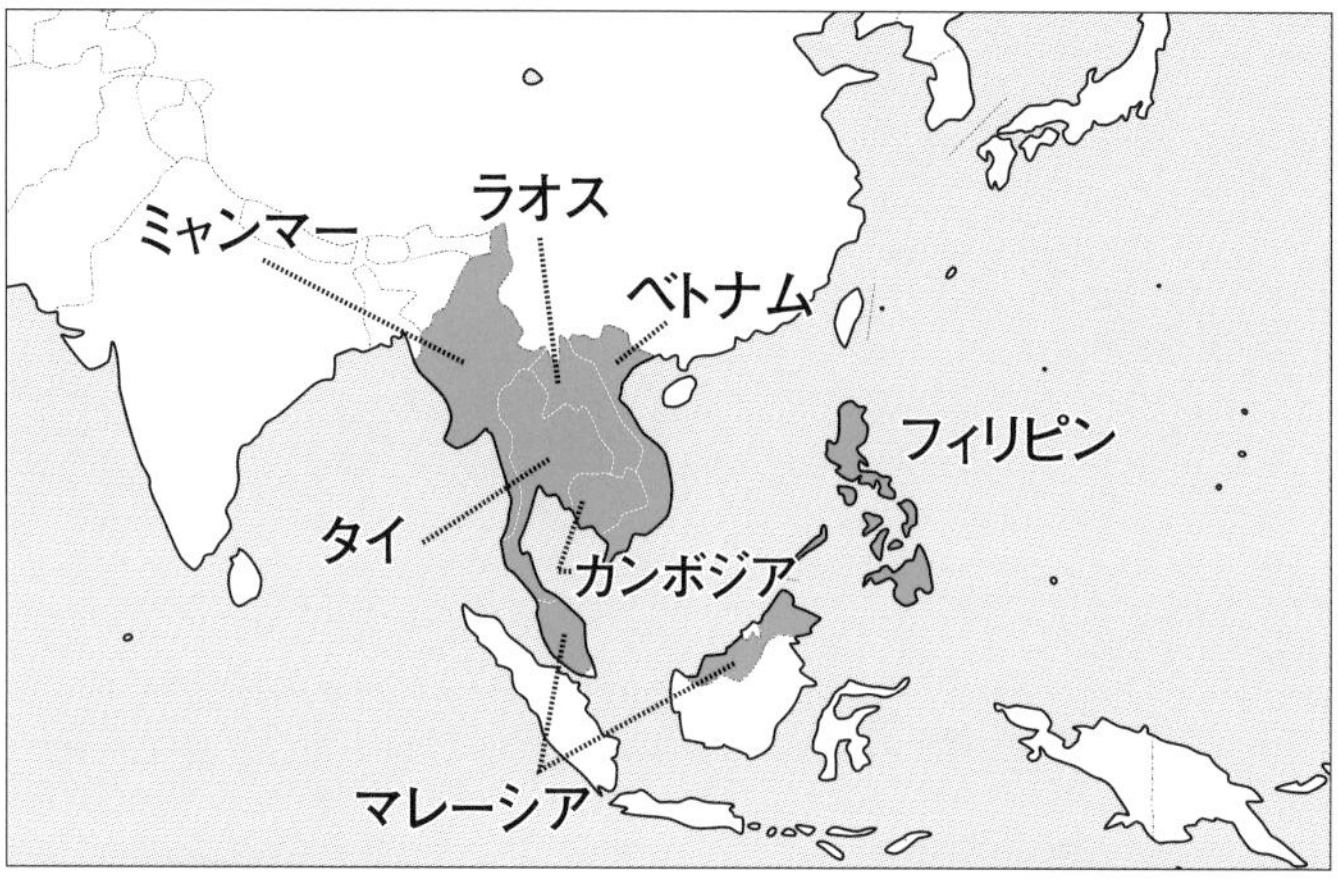

ベトナム
敵は過去も現在も「中国」
米英仏やロシアから支援

ミャンマー
文民政権発足後、
日米との関係強化

アウンサン

カンボジア・ラオス
ベトナムと対抗し、
中国が味方に

タイ
国王の死後、情勢不安に
「クラ地峡」を中国が狙う

プミポン国王

フィリピン
中国が南沙諸島を実効支配
反米政権のため中国と接近

マレーシア
政権交代後、
中国と距離を置く

マハティール首相

◆統一国家は生まれていない

東南アジアは、これまで一度も統一されたことはありません。ただ、中国や日本、欧米などの大国がたびたび進出してきました。**中国大陸のリム・ランドとマージナル・シーにあたる東南アジアは、地政学的にとても魅力的なのです。**

まずベトナムですが、**ベトナムの敵はつねに、国境を接する中国**です。中国は、南シナ海にある西沙《せいさ》諸島を、インドシナ戦争後とベトナム戦争後に半分ずつ接収し、近年は地対空ミサイルを配備するなどして実効支配を強めています。これに対しベトナムは、各国と連携して中国に対抗しています。ベトナムは中国の海洋進出を抑える重要拠点なので、大国の支援は手厚くなっています。

一方で、**カンボジアとラオスは反ベトナム・親中の姿勢**です。中国は、東南アジアでは「カンボジアとラオスを支援して、ベトナムやフィリピンと対立する」という構図になっています。

Point

地政学的な価値をうまく活用しながら中国や欧米の大国から支援を受ける

新たなシー・レーンの要衝

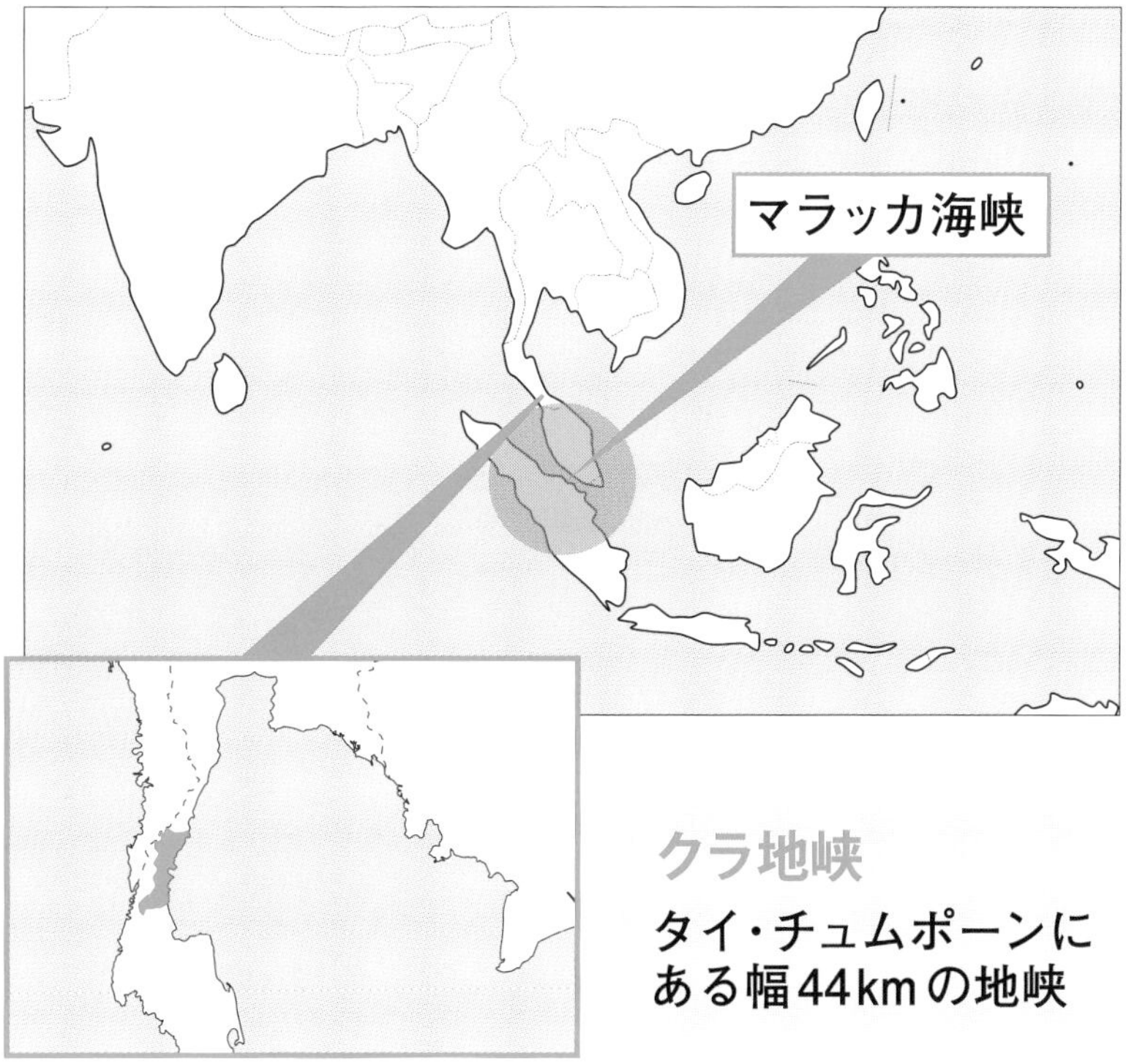

タイ・チュムポーンにある幅44kmの地峡

マラッカ海峡はアメリカがおさえており、中国としてはあまり依存したくない

新たな「クラ運河」の建設に意欲を見せる

◆新たなシー・レーンの要衝

タイは東南アジアでは唯一、植民地化を逃れた国です。

タイの領土のなかでも、地政学的に注目されているのが、**「クラ地峡」**です。マレー半島中央部のもっとも狭い部分（44キロ）です。**ここに「クラ運河」ができれば、マラッカ海峡経由より航路が大幅に短縮されます。**

昔からインドと中国をつなぐシー・レーンの要衝にマラッカ海峡がありますが、海洋覇権を狙う中国にとって、マラッカ海峡に依存することは大きなリスクです。そこで中国は、マラッカ・ジレンマを解消する１つの手段として、クラ運河建設に関心を高めています。

◆反米に転じたフィリピン

戦後のフィリピンは、**米軍を撤退させたことで中国の海洋進出を招き、南沙諸島の実効支配をゆるすことになりました。**これを見て一度は米軍を呼び戻そうとしましたが、２０１６年に大統領となったドゥテルテは完全な反米で、中国に接近します。国内では支持を集める一方で、中国の南シナ海の軍事拠点化に対する不満もくすぶっています。軍は米軍との連携の必要性も感じています。

中国・パキスタンに包囲されるインドの地政学

インドとパキスタンの対立関係

**インドの独立後、
宗教をベースに２つの州がさらに分離独立する**

イスラム教徒
・パンジャーブ州
・ベンガル州

ヒンドゥー教徒
・インド

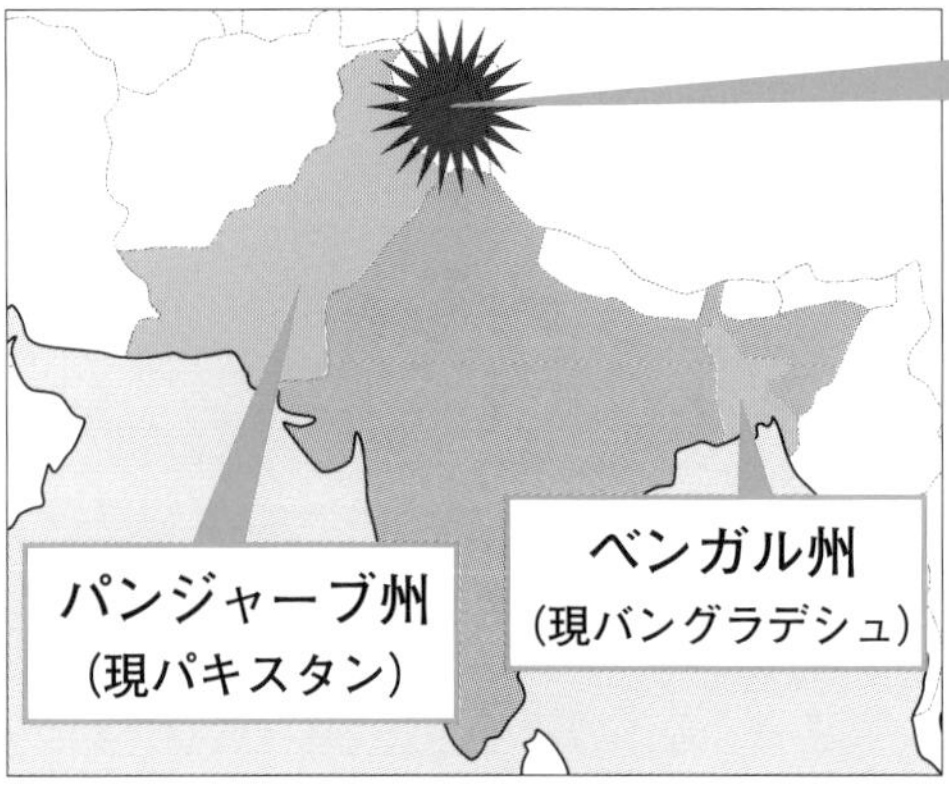

イスラム教徒が多い
インド領

**領有権を主張し
印パ戦争へ**

インド
＋

ソ連

パキスタン
＋

アメリカ
中国

中国の核が連鎖を生み、印パ両国が核武装へ

◆パキスタンと対立

イギリス領だったインドは、１９４７年に独立します。このとき、イスラム教徒が多かった北西部のパンジャーブ州と東部のベンガル州はインドから切り離され、パキスタンとして独立しました。さらに東パキスタンは１９７１年にバングラデシュとして独立します。

この**宗教をベースとした分離独立は、紛争の火種となりました。**カシミール紛争です。インド最北部のカシミール州はイスラム教徒が多く、住民はパキスタン帰属を望んでいたにもかかわらず、インド領となってしまいました。これが発端となって、インドとパキスタンの両軍が領有権を主張して介入する印パ戦争が繰り返されるようになったのです。

この争いは、**両国の核武装を招きました。**

◆「真珠」VS「ダイヤ」の攻防

インドと中国は、潜在的にライバル関係に

Point

中国・パキスタンとは緊張が走るが、海上交通戦略で諸外国と関係をつくる

インドと中国のシー・レーン争い

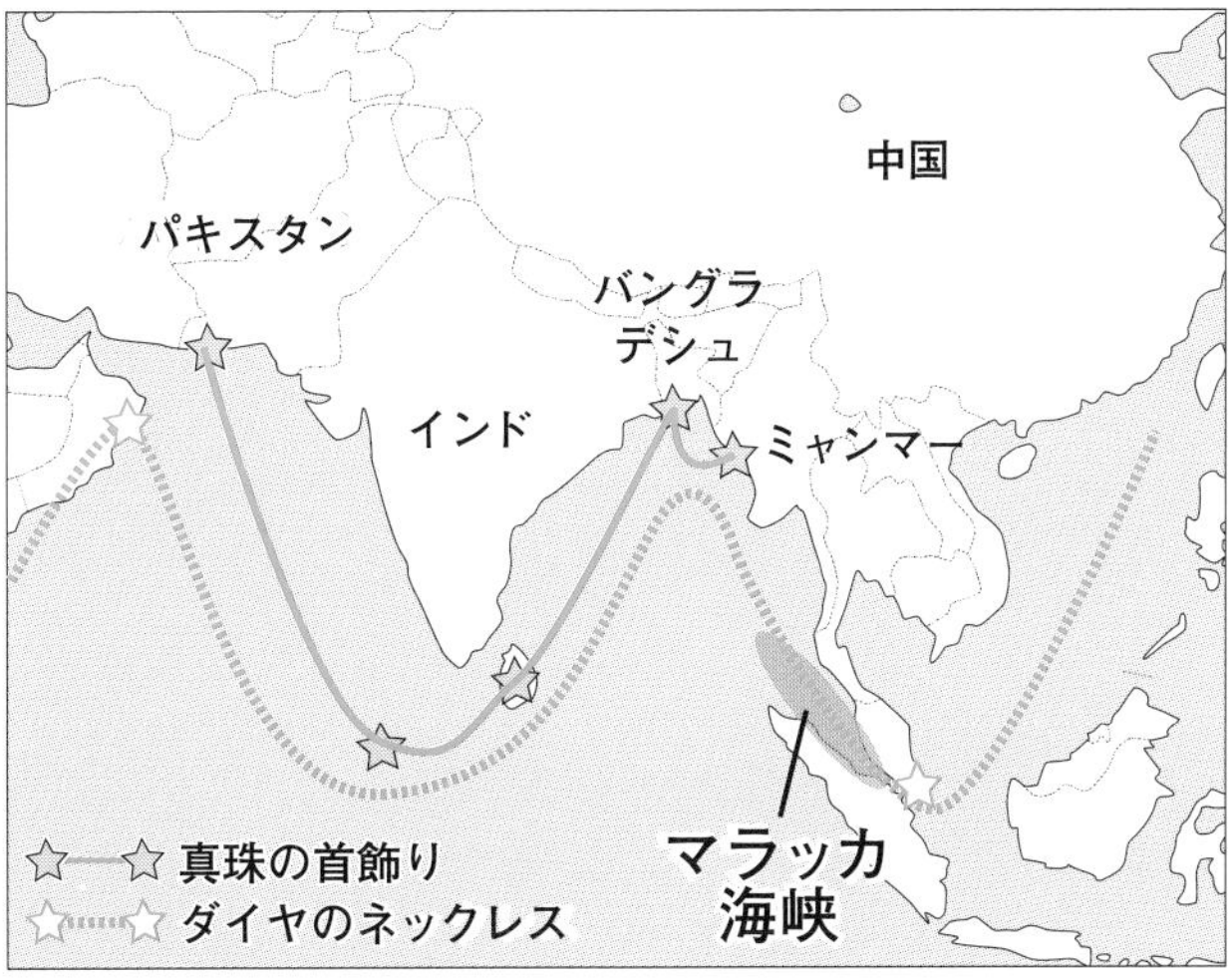

真珠の首飾り（中国）

パキスタン、スリランカ、バングラデシュ、ミャンマーを拠点にして、マラッカ海峡を使わないシー・レーンを確保

ダイヤのネックレス（インド）

アフリカ諸国、東南アジア諸国、日本、アメリカと協力関係をつくり、「真珠の首飾り」を外側から包囲

インドは、特定の国や勢力に依存しない「バランス外交」をとって戦略をねる

あります。

その中国が進める対インド戦略が**「真珠の首飾り」**です。中国は原油の海外依存度が5割を超え、ほとんどは中東・アフリカ方面から輸入しています。そのシー・レーンはインド洋からマラッカ海峡を経由するものですが、マラッカ海峡はアメリカがおさえているので、ここを阻止されたら中国は大きなダメージを受けます。これが「マラッカ・ジレンマ」です。

中国はマラッカ・ジレンマの対策として、シー・レーンにそっていくつかの拠点をきずこうとしています。パキスタンやスリランカ、バングラデシュ、ミャンマーという国に巨額の投資をして、港湾施設をつくっています。

この戦略が、ちょうどインドに首飾りをかけるように包囲することから、「真珠の首飾り」と呼ばれているのです。

これに対しインドは、**「ダイヤのネックレス」**戦略を展開しようとしています。これは、アフリカ東部の国や東南アジア諸国、アメリカ、日本との協力関係をつくり、**「真珠の首飾り」を外側から包囲する**ものです。

ただ、2014年に首相となったモディ氏は、中国との関係修復に努めるほか、特定の国や勢力に依存しない「バランス外交」を取っています。そのなかにはアメリカも含まれ、米印は中国を念頭に戦略的連携を強化しています。

column 4

気候変動と地政学

❖国境の壁も必要になる？

気候変動は、これからの地政学を考えるうえで重要なバロメーターになります。

たとえば、地球温暖化によって海面が上昇すれば、沿岸部の都市は打撃を受けます。シンガポールは海面上昇の影響をもっともうける国の1つといわれます。

深刻な干ばつが起きれば、大量の難民が南から北へ押し寄せます。欧米の国は国境の南の壁の建設を本気で考えるかもしれません。

また、再生エネルギーへの転換にともない、石油への投資が低下すれば、産油国にはダメージとなります。

❖北極圏に進出する中国

一方、気候変動は意外な恩恵をもたらすこともあります。現在注目されているのが、**北極圏**です。

北極圏はかつては厚い氷に閉ざされていましたが、温暖化の影響で海氷が小さくなり、一転して経済活動が可能な地域となりました。

北極圏には豊富な天然資源が眠っているとされます。これに注目しているのが中国で、ロシアやグリーンランドの資源開発に積極的に投資しています。グリーンランドは、米中の地政学的火種となるおそれがあります。

また、**ロシアは北極圏航路（北方航路）の売り込みに躍起です。**北極圏航路は、スエズ運河経由の既存の航路より距離が短く、米軍不在というメリットがあり、中国が積極的に活用しています。

日本は出遅れていますが、地政学的に意味を持ちはじめた北極圏にも目を向けるべきでしょう。

●海面上昇
→沿岸部の都市の危機

●干ばつ
→南部から北部への難民流入

●エネルギー転換
→産油国への打撃

●北極圏の開拓
→北極海航路、資源開発など新たな恩恵がもたらされている

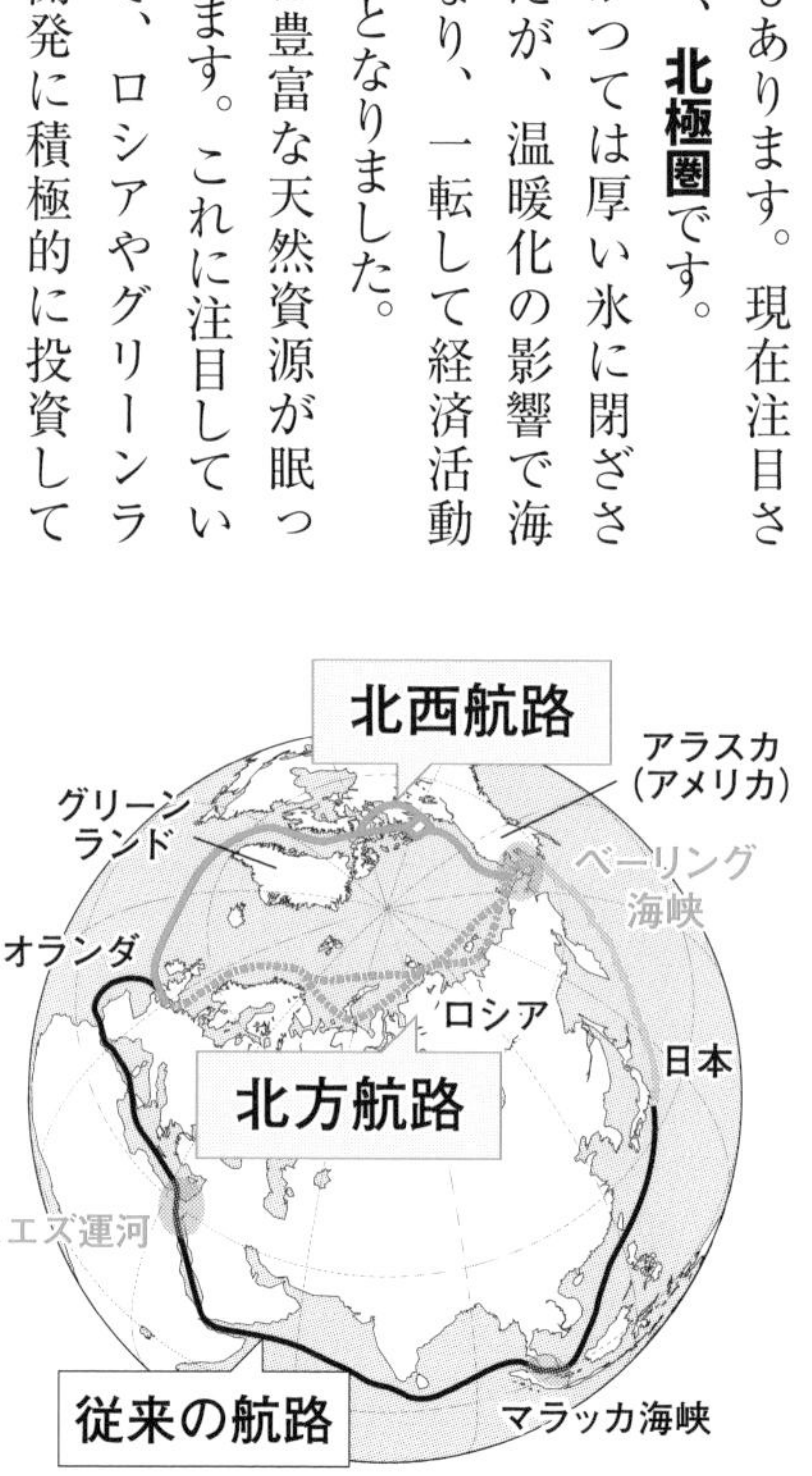

第5章

ナショナリズムが吹き荒れる!?

ヨーロッパの地政学

なぜヨーロッパは1つになったのか？

ヨーロッパにEUができるまで

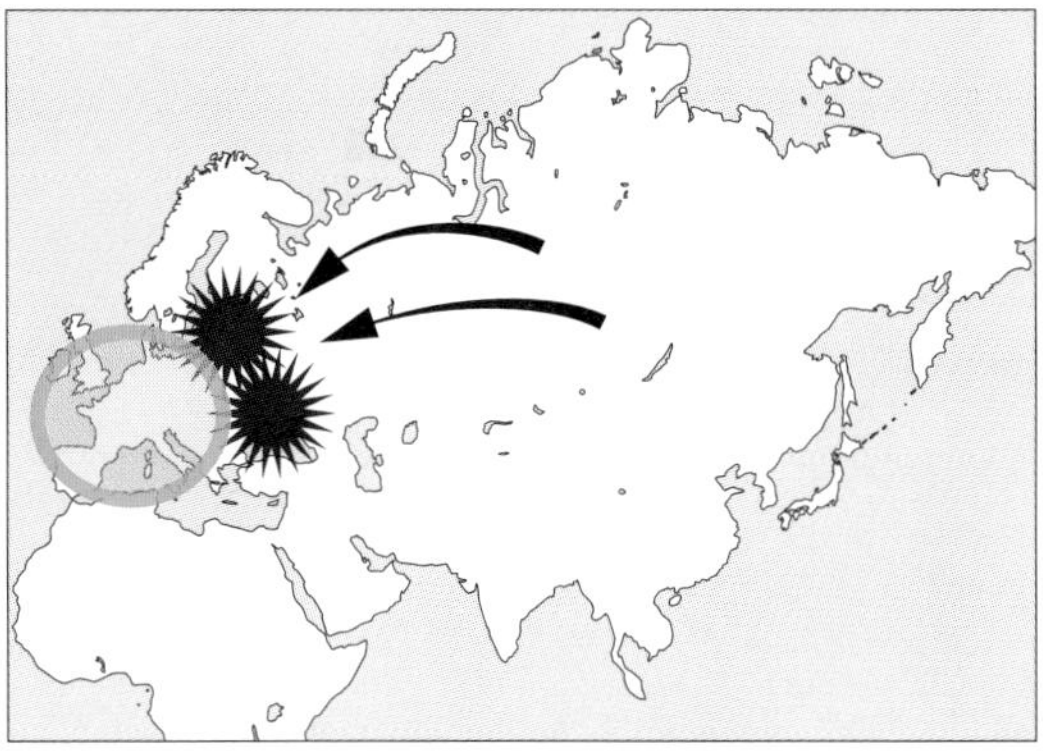

ユーラシア大陸とアフリカ大陸を
1つの大きな島と見ると、
ヨーロッパは「大きな半島」

東欧をバッファゾーンに大陸の勢力と対峙してきた

↓

冷戦期

アメリカ　　ソ連

↑

第3極の経済圏をヨーロッパにつくる

◆ヨーロッパは大きな半島？

ヨーロッパはEU（欧州連合）でまとまっていますが、最近のEUにはいいニュースがありません。まずはEU誕生にいたるヨーロッパ全体の地政学的な背景を見ていきましょう。

ヨーロッパは、大きな半島にあたります。ユーラシア大陸とアフリカ大陸を1つの大きな島（世界島）とすると、その西側につきでている半島がヨーロッパということです。

半島は、大陸と接する付け根の部分を支配されると侵攻を受けやすくなります。**ヨーロッパ半島の付け根は東欧で、ここはヨーロッパにとってバッファゾーンとなる**わけです。ヨーロッパとロシアが東欧のバッファゾーンを介して対立する、という構図は基本的に現代まで変わっていません。

◆第3極の道を模索する

戦後の冷戦期は、アメリカとソ連、2つの

Point

米ソに対抗する第3の経済圏としてEUが誕生、東欧諸国がバッファゾーンに

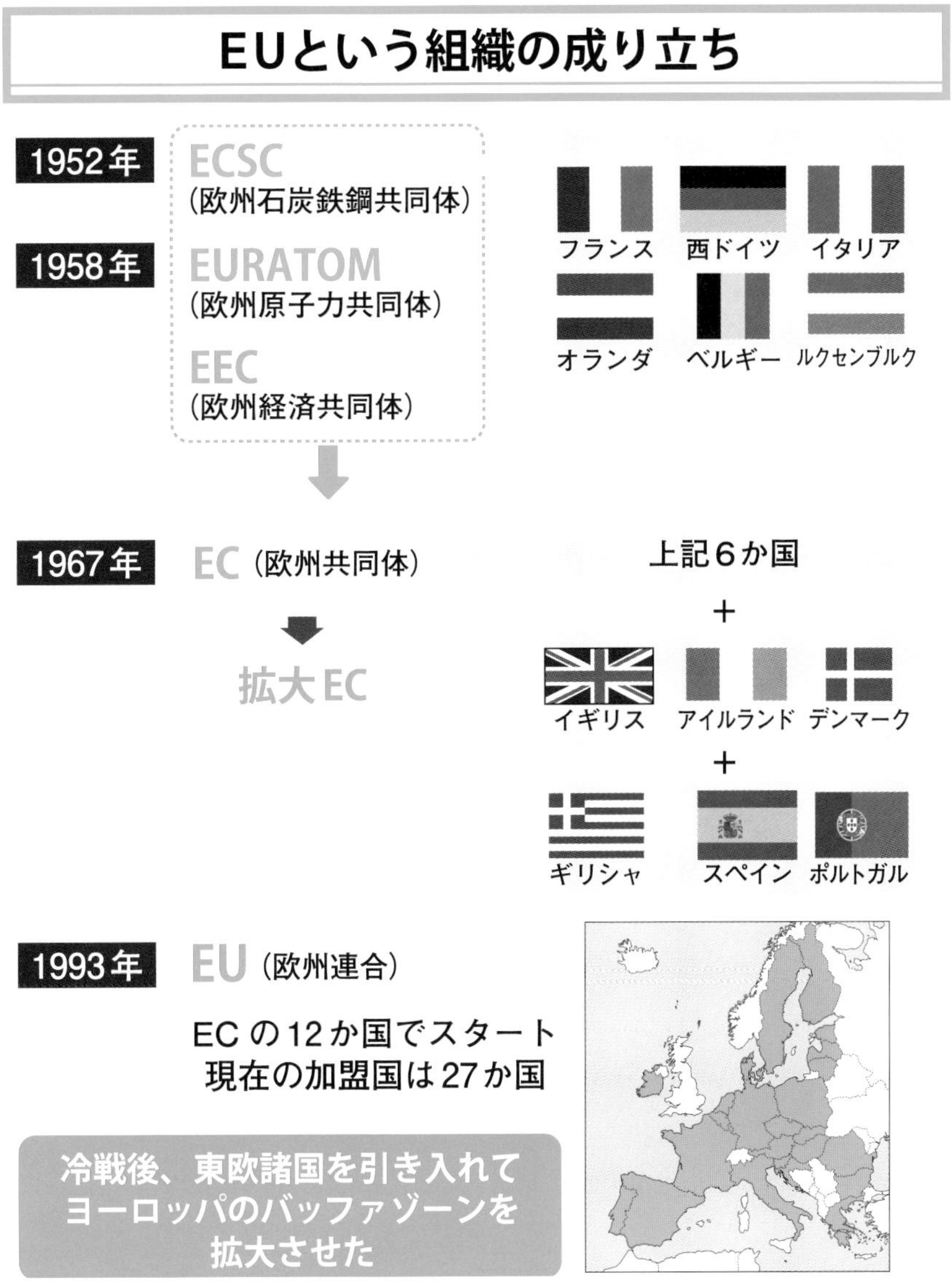

大国のグレート・ゲームとなりましたが、そのあいだにはさまれ、**「この2つの大国に対抗する第3の経済圏をヨーロッパにつくる」**という発想から生まれたのが、いまのEUです。

　戦争を繰り返してきたヨーロッパが、戦争の火種となる資源（石炭・鉄鋼）を共同管理し「二度と戦争を起こさない」と誓ったところからいくつか前身となる組織が誕生します。

　フランス・西ドイツ・イタリア・ベネルクス3国の6か国で始まった組織は、加盟国を12か国に増やし、1993年、EUが発足しました。

◆冷戦終結で東欧諸国を吸収

　EUがなぜこの時期にできたかというと、東西ドイツが統一したからです。ヨーロッパ諸国があせって、**ドイツを仲間にとり入れるために欧州統合をいそいだ**のです。

　EUの加盟国は2000年代に急増し、28か国にまで拡大しました（現在は27か国）。この急拡大の背景には、冷戦の終結があります。EUは、ロシアの弱体化につけこみ、冷戦終結で民主化した東欧諸国を引き入れました。**バッファゾーンを吸収する形で東方に拡大した**のです。しかし、またこれをロシアが押し戻そうとしている、というのが現在の状況です。

シー・パワーの教科書
海洋国家イギリス

イギリスの「バランス・オブ・パワー」

**大陸の大国とだけ戦うことで
大陸からの侵略を防ぐ**

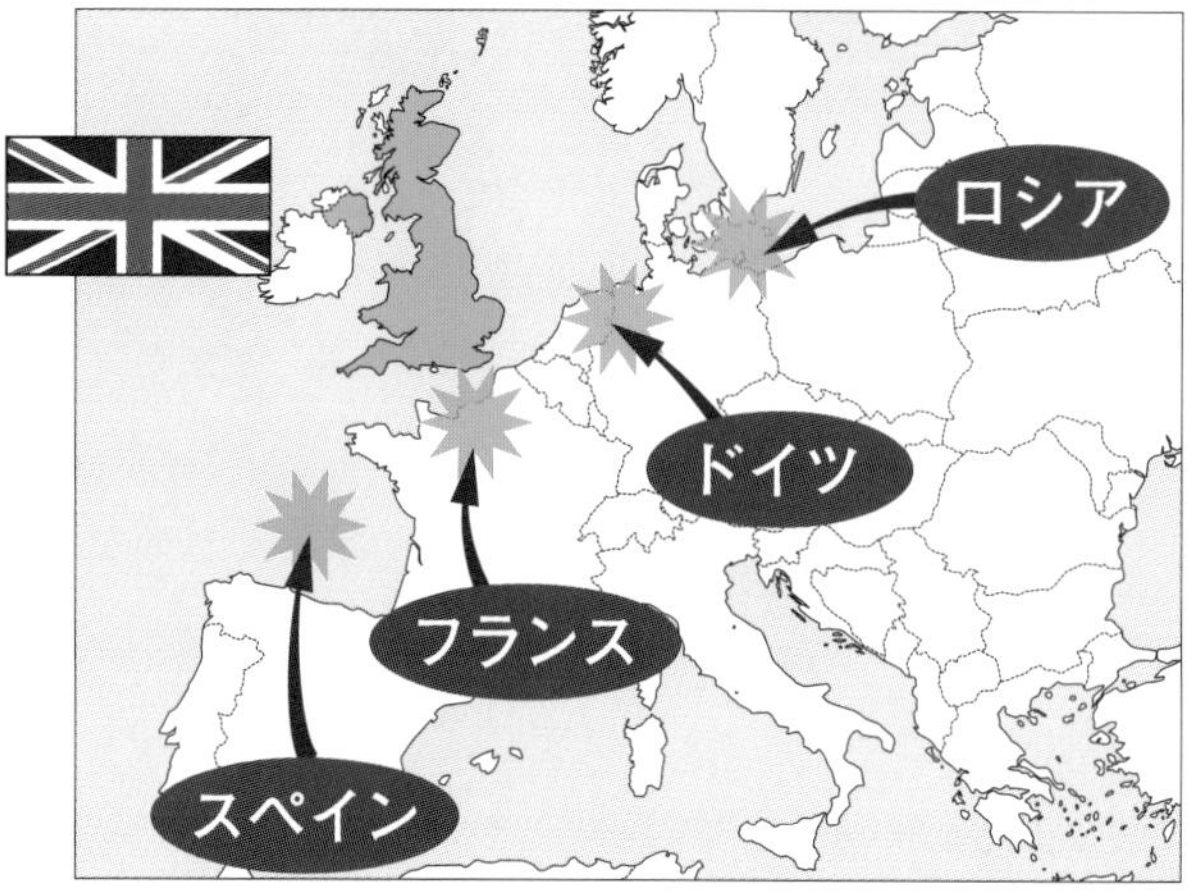

島国という地形を生かし、少ない兵力で国を守れる

↓

植民地拡大に力を注ぎ、シー・レーンを展開

↓

ハート・ランドをおさえるロシアとの戦いへ

ただし、第２次世界大戦では対ドイツでソ連と同盟を結び、
「バランス・オブ・パワー」から逸脱した動きをとる

◆バランス・オブ・パワーの伝統

イギリスは、ヨーロッパ半島の西に浮かぶ島国で、シー・パワーの代表格です。

イギリスのヨーロッパ大陸に対する戦略は、「バランス・オブ・パワー」でした。**ヨーロッパ大陸内でそれぞれの国の力が拮抗するようにしておいて、強国があらわれたときだけ叩く、**という戦略です。基本的にこの戦略によって、イギリスは大陸からの侵略を防いできました。

イギリスは海に囲まれていて、比較的少ない兵力で守りを固められるので、その余力を植民地の獲得に注ぐことができました。18〜19世紀にかけてイギリスは世界帝国をきずきます。「世界島（ユーラシア＋アフリカ）」のリム・ランドとマージナル・シーをおさえたイギリスですが、**これに対抗したのが、ハート・ランドをもつロシア**です。イギリスは、ロシアを倒すことはできないと冷静に分析し、封じ込め戦略でその拡大を防ぎました。

Point

バランス・オブ・パワーの伝統国は「反EU」の決断を下した

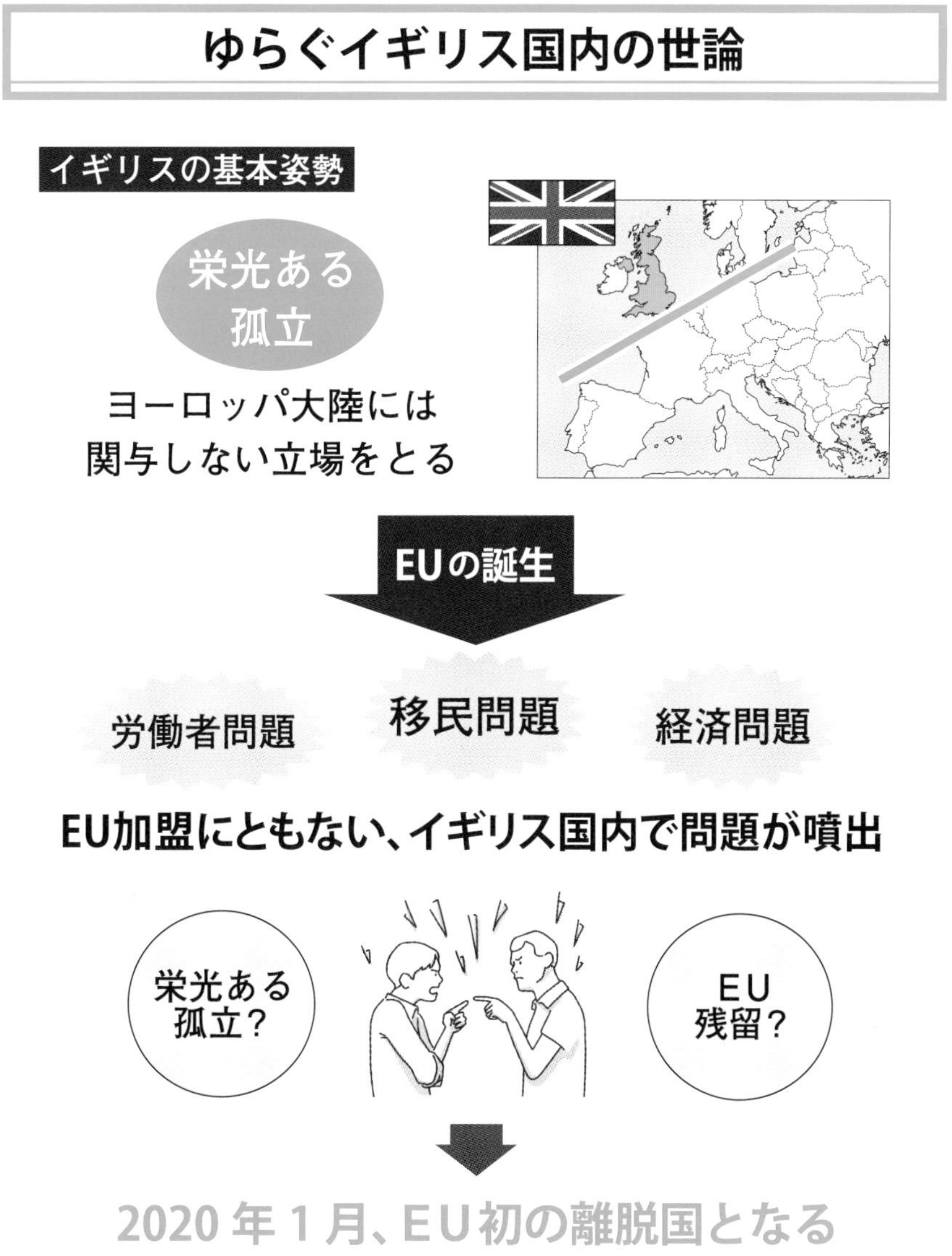

ゆらぐイギリス国内の世論
イギリスの基本姿勢
栄光ある孤立
ヨーロッパ大陸には関与しない立場をとる
EUの誕生
労働者問題
移民問題
経済問題
EU加盟にともない、イギリス国内で問題が噴出
栄光ある孤立？
EU残留？
2020年1月、EU初の離脱国となる

第2次世界大戦では、ドイツが東欧からソ連に侵攻する動きを見せたので、東欧を守るべく、ソ連と同盟を結んでドイツを抑え込みました。

しかし、バランス・オブ・パワーの原則にしたがえば、ソ連とドイツは戦わせて消耗させておき、勝ったほうを叩く、という戦略でよかったと分析する向きもあります。結果的に、第2次世界大戦が拡大したことで、アジアの植民地は日本によってことごとく解放させられてしまいました。

◆「栄光ある孤立」へ

戦後のイギリスは、ヨーロッパ大陸とのつきあい方で模索がつづいています。基本的にはバランス・オブ・パワーで、ヨーロッパ大陸に関与しない**「栄光ある孤立」**という路線ですが、外から観察しているだけ、というわけにもいかなくなり、EUに加盟しました。

ただ、国内には当時から「ヨーロッパ大陸諸国とは別の選択をするべきだ」という加盟反対派がいて、**ユーロ危機や移民の流入など、さまざまな問題が噴出してくると、「反EU」の感情に火がつきました。**

それが、2016年のEU離脱を問う国民投票につながります。結果、2020年1月に初のEU離脱国となりました。

ランド・パワーのドイツの戦略

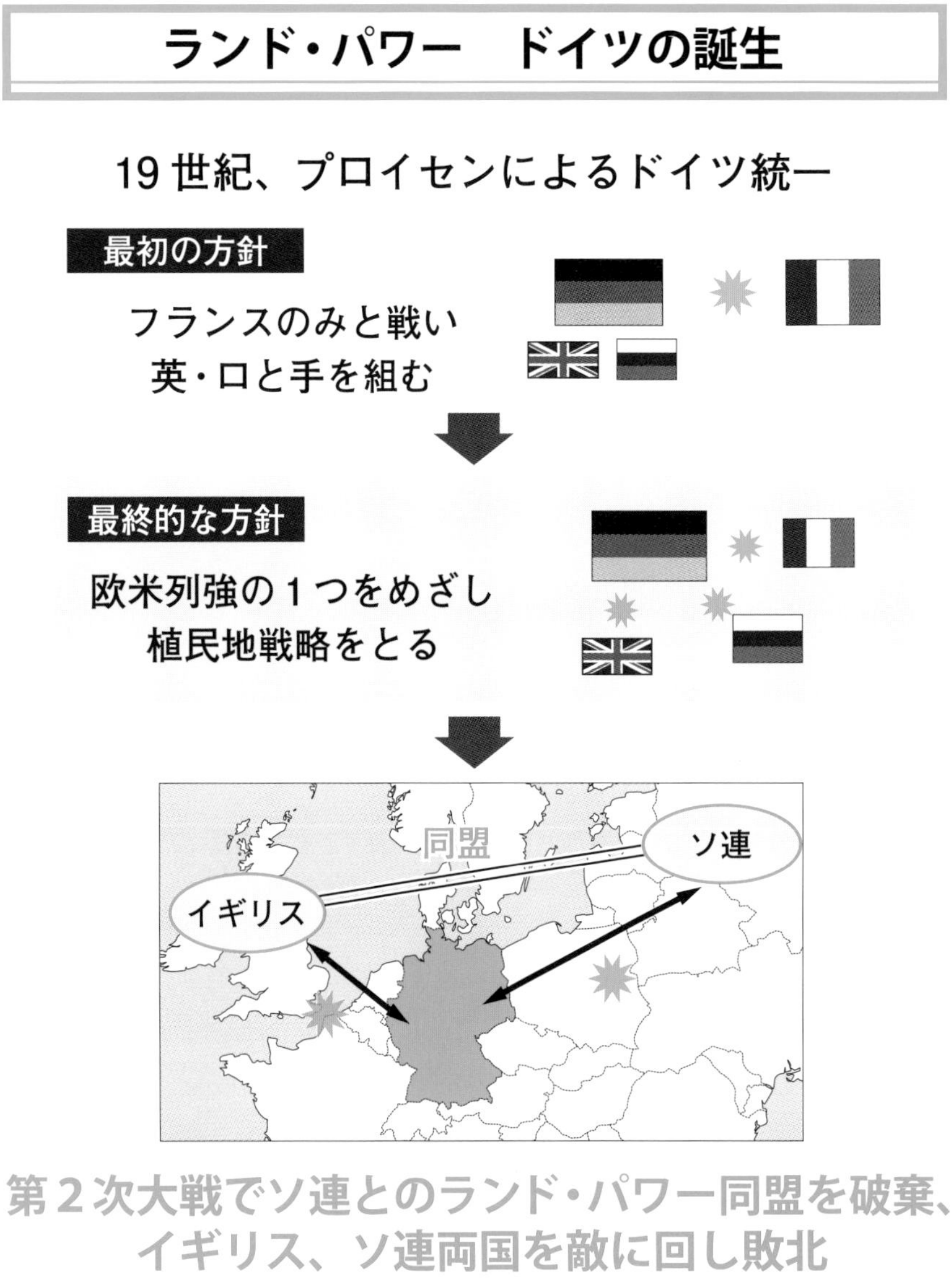
ランド・パワー　ドイツの誕生
19世紀、プロイセンによるドイツ統一
最初の方針
フランスのみと戦い
英・ロと手を組む
最終的な方針
欧米列強の1つをめざし
植民地戦略をとる
同盟
ソ連
イギリス
第2次大戦でソ連とのランド・パワー同盟を破棄、
イギリス、ソ連両国を敵に回し敗北

◆大国にはさまれたランド・パワー

中世に「神聖ローマ帝国」という300を超える小さな国の集まりがあり、そのなかから台頭したプロイセンによって、ドイツが統一されました。

この統一を主導した宰相《さいしょう》ビスマルクは、**「フランスだけを相手にし、イギリス・ロシアとは手を組む」**という戦略を立てました。

ところが、皇帝ヴィルヘルム2世はこれに反対して、「ドイツは欧米列強の1つになる」というビジョンを立てます。ランド・パワーのドイツは、鉄道網を建設して中東方面に侵出し、植民地をつくる戦略を進めました。

しかし、**イギリス・ロシア・フランスを同時に敵にまわした結果、第1次世界大戦で敗北します**。第1次世界大戦の失敗をふまえた戦略を考えたのがヒトラーです。ヒトラーは、シー・パワーの大国イギリスとの戦いを避け、ソ連を倒すという戦略を立てました。

Point

大国に挟まれ、大戦では敗北が続いたがEU経済圏で圧倒的な黒字をたたき出した

EUという組織とドイツ経済

EU 随一の経済大国・ドイツ

・関税がかからない
・相対的なユーロ安

良質な輸出品を持つドイツには有利にはたらく

共通通貨ユーロの問題点

黒字国は黒字を、赤字国は赤字を拡大する

ドイツ好調 → 他国不調 → ユーロ安

域内全体の経済状況に応じてユーロ安／高が決まるため、輸出が強い国に追い風となる

EU内でドイツが「一人勝ち」の状態になる

すると、イギリスはソ連と軍事同盟を結んで対抗し、ドイツは敗れます。これが第２次世界大戦です。

戦後のドイツは、米英のシー・パワーとソ連のランド・パワーによって東西に分割されます。冷戦時代のドイツは東西の陣営のバッファゾーンになっていたのです。

◆ユーロ安で輸出が有利に

近年のドイツは経済大国として実力をつけていますが、その要因の１つには、プロテスタントの国という点があげられます。カトリックとは対照的に、プロテスタントの国では「金儲けと蓄財がＯＫ」とされるので、真面目に働く人が増えます。

ドイツは、資源が豊富にあるわけではありませんが、モノづくりが得意で、機能性とデザイン性を兼ね備えた良質な商品をつくります。その販売先はＥＵの国々です。**「関税ゼロ」のＥＵでは、輸出入がしやすい。良質な輸出品をもっているドイツにとっては好都合**です。

また、実力よりも相対的にユーロ安になっており、ますます経常収支は黒字となるのです。

こうして一強を誇ったドイツですが、内外から反移民・反ＥＵの圧力にさらされ、ＥＵ内での立場もあやうくなっています。

ユーロ危機の震源地、ギリシャをめぐる地政学

大国にはさまれるギリシャ

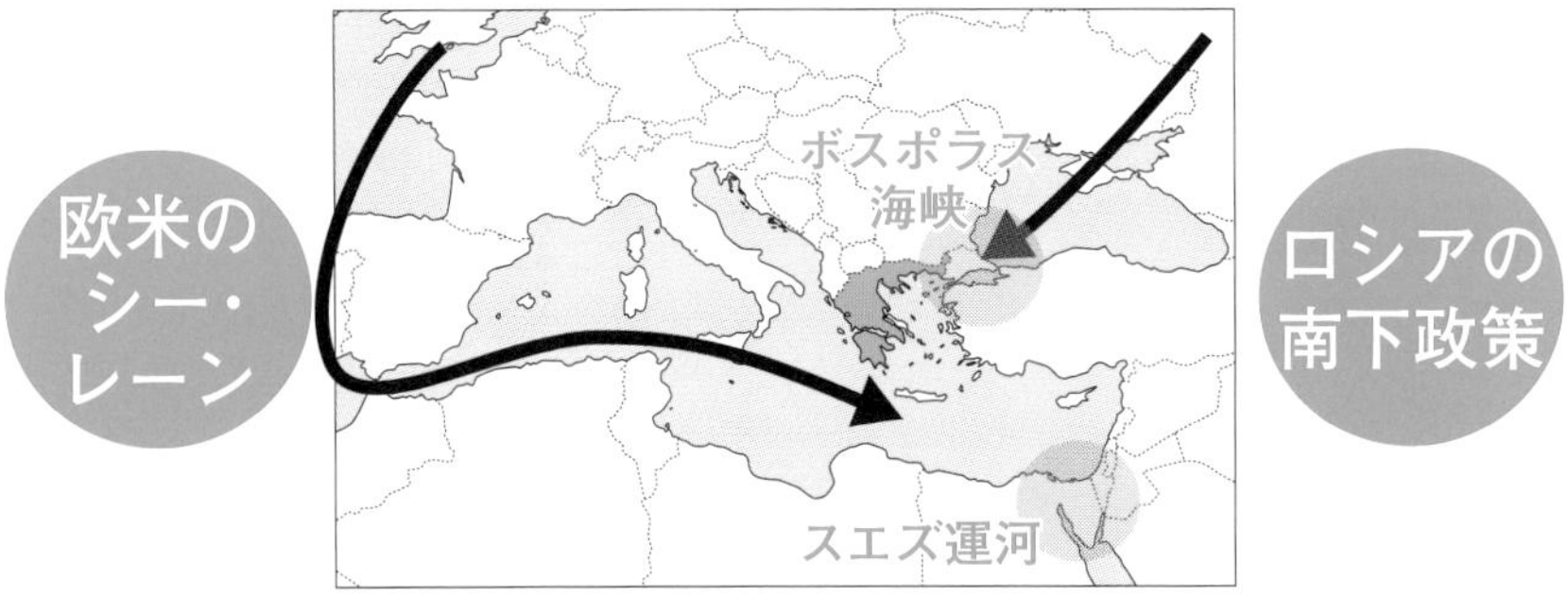

欧米とロシアどちらにとっても地政学的に重要な土地にあたるギリシャ

↓

ギリシャ国内でも欧米派とロシア派で争われる

戦後のギリシャ

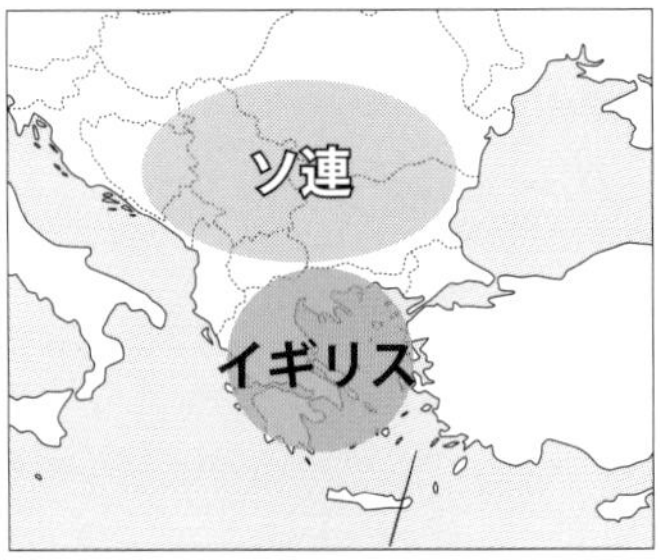

ギリシャ本土にイギリスが、バルカン半島にソ連が座る

↓

イギリスに代わってアメリカ支援の軍事政権樹立

↓

親米政権が倒れ、ソ連支援の社会主義政党（パソック）が政権を奪う

◆英仏ロが狙う

ギリシャは、バルカン半島のさらに南につきでた半島にあります。ギリシャにとってのアキレス腱は、半島の付け根にあたるバルカン諸国です。

近代になると、イギリスやフランス、ロシアが進出してきます。ギリシャは、**英仏にとってはアジアへ通じるシー・レーンにあたり、南下政策をとるロシアにとっては黒海の出口にあたります**。地政学的な要衝でした。

ギリシャ国内では、イギリス・フランスにつくか、「正教会の仲間」のロシアにつくか、という対立が起きます。この構図は、基本的に現在までつづいています。

◆労働者に甘すぎた！

ギリシャは、第2次世界大戦では、ドイツに占領されましたが、敗戦でドイツ軍は引き上げました。このときバルカン半島の付け根

Point

英仏とロシアにとっての要衝であることをうまく利用して、存立を保つ

ユーロ危機を引き起こしたギリシャ経済

パソックの政策

賃上げ　有給休暇の増加　55歳定年制　年金増額　など

国民に甘すぎる財政政策

↓

赤字続きの厳しい財政状況に陥る

しかし　**2001年　ギリシャのユーロ参加**

財政基準を満たしていないのにユーロに参加

⇒「ユーロ危機」はギリシャへの財政不安が発端

↓

EUはギリシャに緊縮財政を命じるが…

チプラス首相

緊縮政策は受け入れられない
EUを離脱してもいい

EUを牽制

ギリシャを切り捨てるとロシアと接近される恐れがある

にはソ連がいて、ギリシャ本土にはイギリスがいました。ここからまた、イギリスにつくか、ソ連につくか、で内戦になりました。

この内戦は、イギリスとソ連の話し合いで「ギリシャはイギリス、ブルガリア以北のバルカン半島はソ連」という線引きがなされました。それから、ソ連の南下政策に対する布石としてアメリカが支援した軍事政権が樹立されますが、1974年、親米の軍事政権が崩壊し、こんどはソ連支援の社会主義政党（パソック）が政権を奪います。

パソックは、労働者のための政策を次々と実現しました。賃上げ、有給休暇の増加、55歳定年、年金増額などです。支持者を積極的に公務員に採用して、気づいたら国民の4分の1が公務員になっていました。

しかし、ギリシャには観光とオリーブくらいしか産業がなく、経済的にはとても貧しい国です。**税収が少ないにもかかわらず、国民に甘い汁をすわせつづけたので、国家財政は赤字つづきとなりました**。

国際的信用が低い自国通貨の「ドラクマ」よりもユーロに魅力を感じたギリシャは、「毎年の財政赤字はGDP比で3％以内」という基準を満たしていなかったにもかかわらず、2001年にユーロに参加しました。

これがユーロ危機の発端となりました。

シー・パワーを諦めたフランス

シー・パワーになれなかったフランス

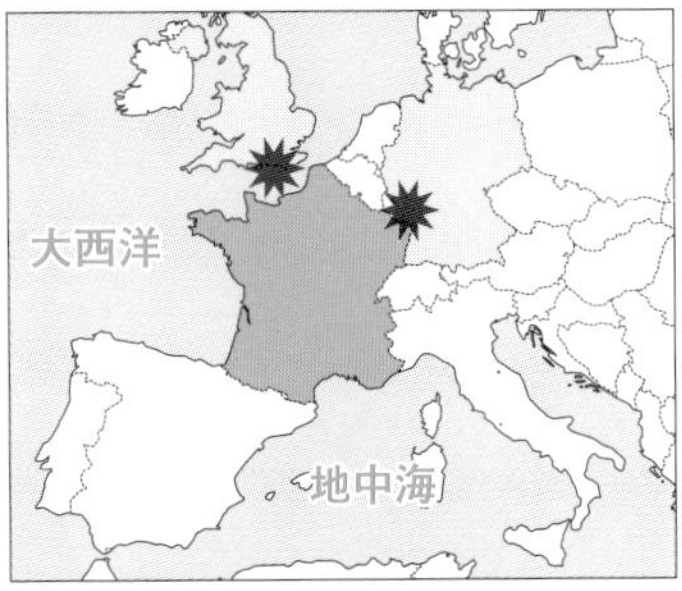

シー・パワーと
ランド・パワーの
両方の側面を持つ

敵はいつも
イギリスとドイツ

17世紀末〜19世紀初頭

シー・パワーのイギリスと植民地争いを繰り広げる

**ナポレオンの敗北を機に
ランド・パワーの国に転換**

ナポレオン

第1次・第2次世界大戦

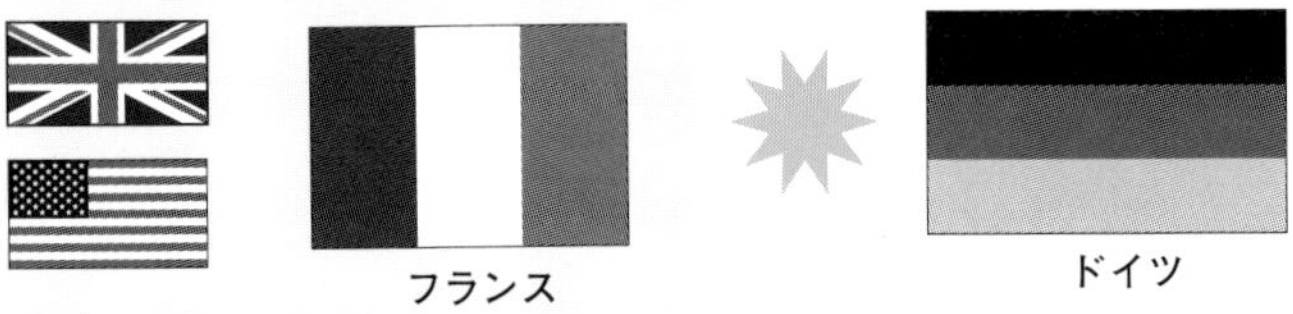
フランス
ドイツ

シー・パワーの国と組んでドイツと戦う

◆シー・パワー大国には勝てなかった

フランスは、シー・パワーとランド・パワーという2つの側面を持ちます。

大西洋と地中海という2つの海に面していることから、シー・パワーの側面を持つと同時に、広大で豊かな国土を持つランド・パワーの側面を持ちます。**シー・パワーではドーバー海峡を介して対面するイギリスと争い、ランド・パワーではドイツと争ってきました。**

17世紀末〜19世紀初頭にかけては、アメリカ大陸やインドなど、各地でイギリスと植民地戦争を繰り広げました。しかし、イギリスに比べて大陸での本土防衛にも兵力をさかれていたこともあり、最終的にはフランスが負けます。かのナポレオンが、ワーテルローの戦いでイギリス軍に敗れたのを最後に、フランスはランド・パワーとして大陸でドイツと覇権を争うことになります。

第1次世界大戦、第2次世界大戦では、シー・

Point

ランド・パワー大国として欧州を統合、国内では移民やテロなどの問題を抱える

テロが多発するフランスの問題

戦後のフランスの問題

人口減少で受け入れた移民問題

経済成長期に入り、
労働力が不足する

「自由・平等・博愛」の
精神のもと、寛容に移民を
受け入れていたが…

人種や宗教を理由にした差別

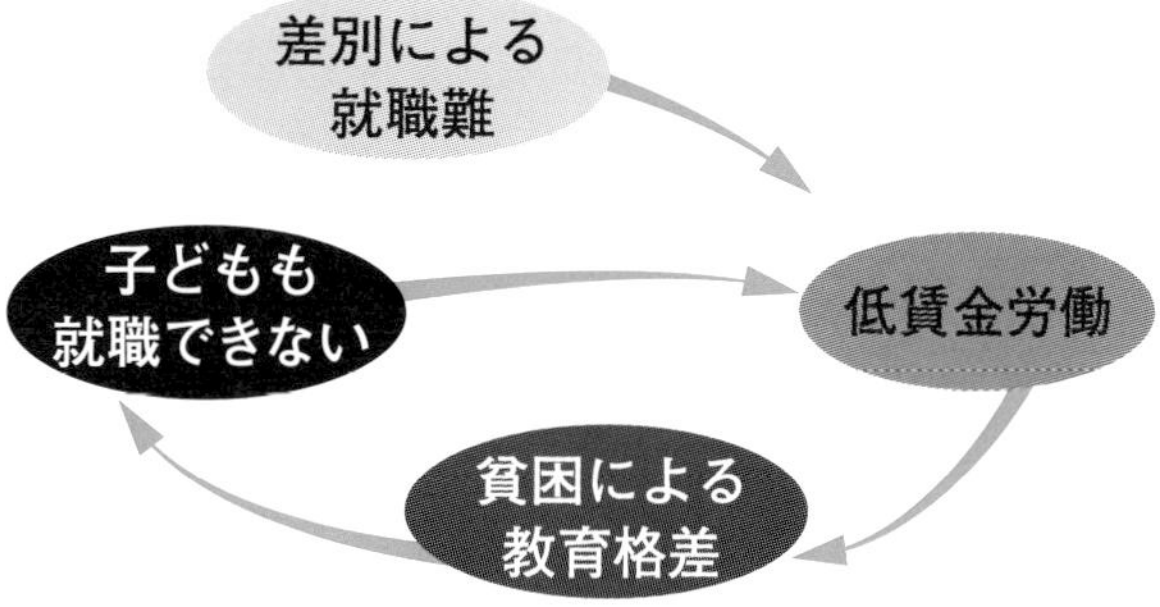

居場所を見出せない移民の若者たちが「ホームグロウンテロ」を生む

パワー大国のイギリス・アメリカと組んで、ドイツを叩きます。戦後は、ドイツと融和し、欧州統合を主導していきます。

◆欧州最大の移民大国になる

フランスは19世紀後半に人口が減少しはじめてから、大量の移民を受け入れるようになりました。とくに第2次世界大戦後の経済成長期には、**不足する労働力をおぎなうため、旧植民地のアルジェリアをはじめとする北アフリカなどから大量の移民を受け入れました。**

フランスは、移民に寛容な国です。フランスの理念である「自由・平等・博愛」の精神を共有し、フランスの言語と文化を受け入れるのならば、出身地や宗教を問わず、国家の一員として認めるのです。このような政策の結果、イスラム教徒の数は欧州最大規模の推計500万人にまでふくれあがりました。

しかし、現実には厳しい側面もあります。**表向きは「平等」を謳《うた》いながら、社会のなかには人種や宗教を理由とした「差別」が厳然と存在しています。**就職難からくる教育格差という貧困の連鎖も生じています。

フランスで生まれ育った移民の若者による「ホームグロウンテロ」を生む背景には、こうした移民社会ならではの構造があります。

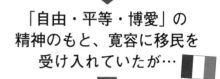

EUとポピュリズム政党の対立

加速する反グローバリズムのうねり

「人もモノも金も自由に移動できる」

↓

金融危機や難民流入が問題となり、グローバルなシステムの矛盾が表面化

↓

各国で反EUを掲げる政党が躍進

ドイツ	イタリア
「ドイツのための選択肢」	「同盟」 「五つ星運動」

フランス	ポーランド
「国民連合」 （旧・国民戦線）	「法と正義」

など

各国内の大衆の不満を受け止める「ポピュリズム政党」に

◆グローバリズムがもたらした矛盾

いま、ヨーロッパ各国で「反グローバリズム」のうねりが高まっており、それが反EUをかかげる政党の躍進にあらわれています。フランスの「国民連合」（旧・国民戦線）やイタリアの「五つ星運動」、ドイツの「ドイツのための選択肢」などが反EUの代表で、いずれも2割を超える支持を集めています。これらの政党は、大衆の不満や怒りの受け皿となっているという意味で「ポピュリズム政党」と呼んでいいでしょう。

なぜ、EUでこうした反グローバリズムのうねりが起きているのかというと、大きくは2つの危機が影響していると考えられます。

1つは、2009年のギリシャ金融危機。もう1つは、2015年の欧州難民危機です。2011年の「アラブの春」を契機に起きたシリア内戦とISの台頭の結果、**シリアやイラクから大量の難民がEUに押し寄せました。**

Point

グローバル化に伴う矛盾があらわになり、反EU政党が各国で躍進している

離脱国イギリスとEUの今後の関係

2019年の欧州議会選

EU推進派が全体の3分の2議席を獲得

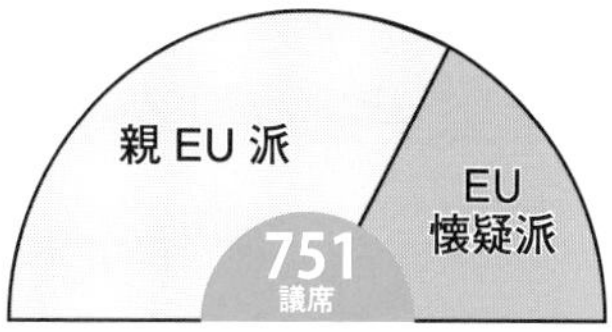

一方で、これまでの最大勢力だった政党が過半数を失い、舵取りに慎重になる必要がある

イギリスとEUの交渉

「単一市場・関税同盟」にかわる自由貿易協定（FTA）の交渉へ

・関税や数量制限はゼロのまま
・規制や税制は独自ルールを設ける
・移民の流入は制限したい

・「人・モノ・金」の移動はセット
・関税だけゼロなのは認められない

この2つの危機は、ヨーロッパの外で生じた問題がからんでいますが、それがEUを攻撃し、**「人もモノも金も自由に移動する」というグローバルなシステムの矛盾**があらわになりました。

◆イギリスと関係再構築

2019年の欧州議会選挙は、反EU政党が予想ほど伸びず、EU推進派が3分の2の勢力を守りました。イギリスのEU離脱をめぐる混迷がEU推進派に有利に働いたようです。とはいえ、EU新指導部はポピュリズムによる「EU乗っ取り」を警戒しており、難民問題など多くの問題解決を迫られます。

そのイギリスは、2020年1月31日にEUから離脱しました。これは伝統的なバランス・オブ・パワーへの回帰といえます。

イギリスとEUは、これまでの「単一市場・関税同盟」にかわる**自由貿易協定（FTA）の交渉**に入りました。イギリスは、「関税ゼロ、数量制限ゼロ」のまま、独自に規制や税制、ルールを決めたいし、移民も制限したい考えです。しかしEUは、「人・モノ・金」の自由移動はセットとして、対立しています。

移行期間の20年末までにFTAが結ばれなければ、関税が復活します。英ジョンソン首相は交渉打ち切りも辞さない強気の姿勢です。

なぜロシアは南へ向かうのか？

四方に顔がきくロシアの成り立ち

9世紀　北欧のノルマン人がスラヴ人を征服

↓

「キエフ公国」誕生
⇒ギリシャ正教会に改宗

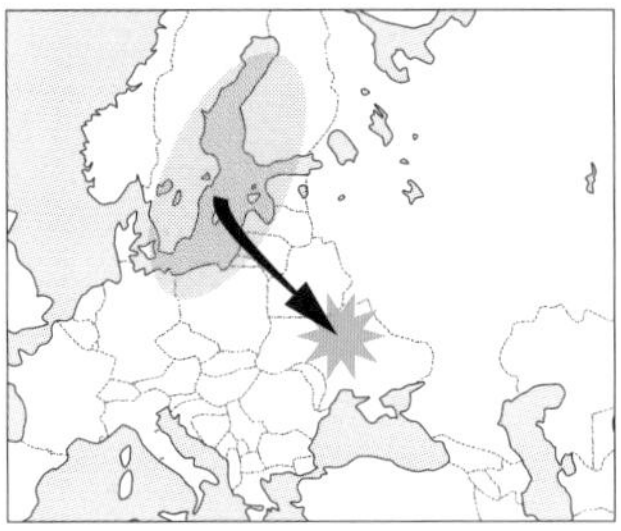

15世紀　モンゴルの支配から「モスクワ大公国」として独立

↓

モンゴルの「王《ハン》」の後継を称する

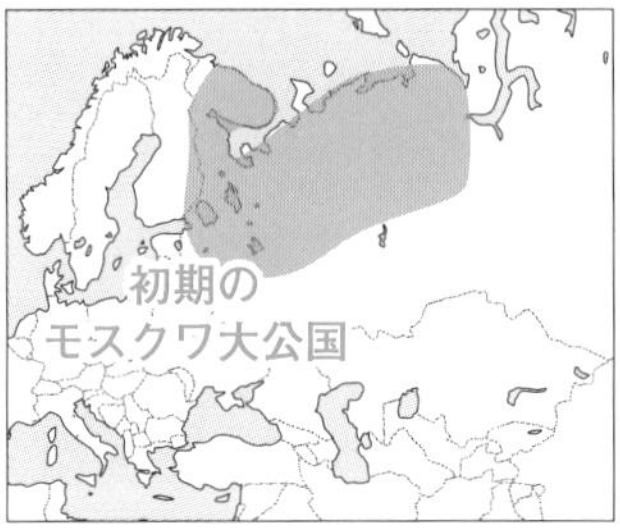

西欧（ノルマン人）
スラヴ（スラヴ先住民）
ギリシャ（正教会）
アジア（モンゴルのハン）

4つの方面に顔がきく

◆四方に顔がきく

ロシアの地政学を考えるとき、その歴史的な成り立ちを知っておくことが重要です。

ロシアには、4つの面があります。まず、「ノルマン人がつくった国」であること。同時に、先住民はスラヴ人なので、「スラヴ系の国」であること。また、「正教会の国」でもあります。さらに、モンゴルに支配された経緯から「モンゴルのハンの後継者」ともいえます。

よって、**西欧、スラヴ系、ギリシャ方面、アジアという四方に顔がききます**。これが、ロシアが世界最大のランド・パワーに成長した1つの要因となりました。

◆4大艦隊で海上覇権を狙う

ロシアには難攻不落のハート・ランドがあります。守りがとても堅い一方で、**いつでも軍艦を出動できる不《ふ》凍港《とうこう》がない**という弱点があります。ですから、**「南下政策」がロシアの**

Point

不凍港を求めて南下政策をとり、強いロシアを復活させる目論み

不凍港を求めるロシアの南下政策

氷で閉ざされた北極海
「不凍港」を求めて南へ向かう

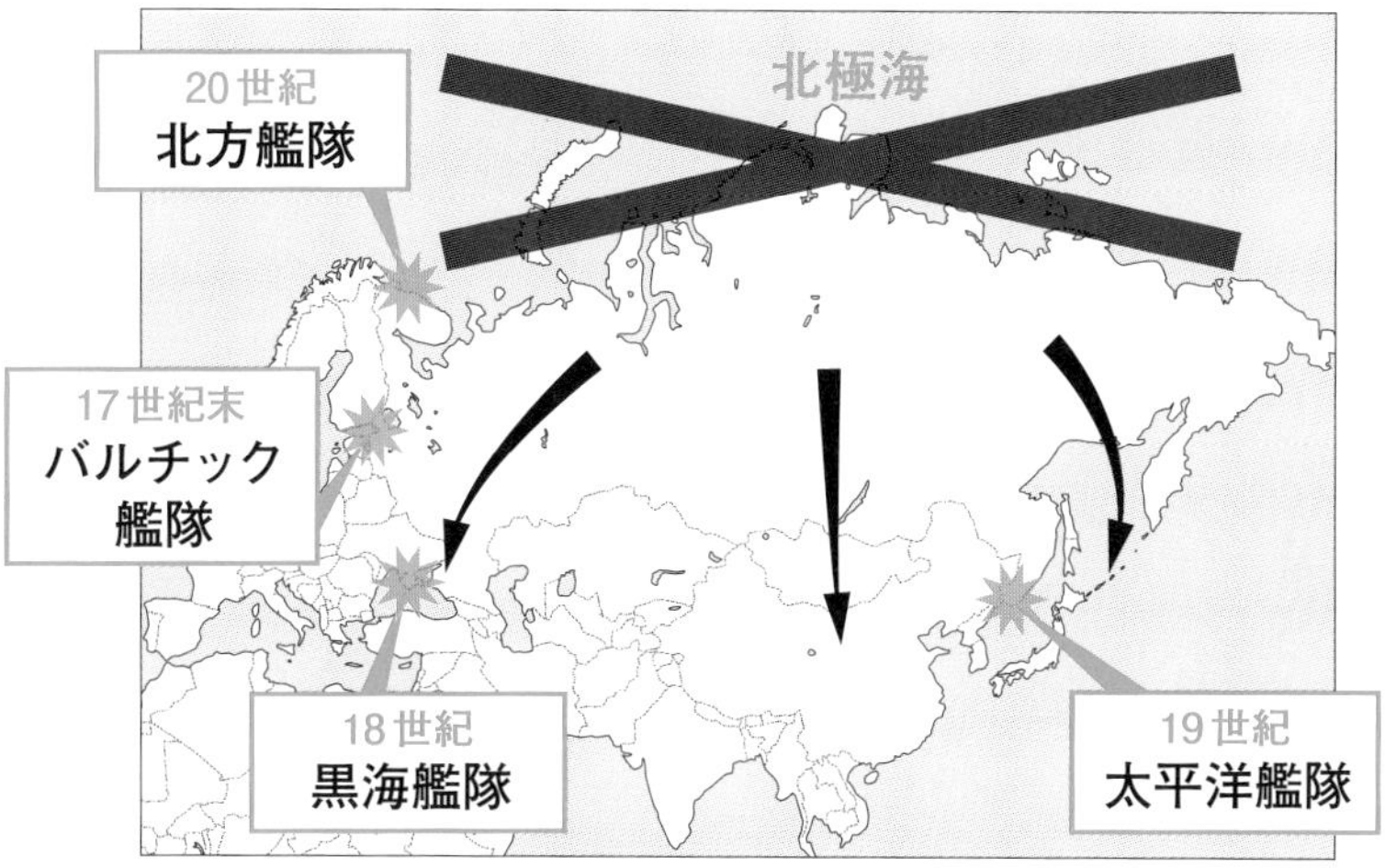

4大艦隊を各地に建設

ランド・パワーの国だが、海上覇権もうかがう

スラヴ派のプーチンは
欧米との対決姿勢を見せている

地政学的戦略の軸になりました。

はじめは南下ではないですが、バルト海に港をつくり、バルチック艦隊を建設しました。つづいて黒海です。18世紀、黒海につきでたクリミア半島のセヴァストーポリに軍港を開き、黒海《こっかい》艦隊を建設しました。太平洋にも目を向け、19世紀にはウラジオストックに軍港を開き、太平洋艦隊を建設しました。さらに、20世紀になると北方艦隊も建設されました。

ロシアはランド・パワーの国ですが、**軍港と艦隊を持つことで海上覇権もうかがっている**わけです。

◆親欧米派からスラヴ派のプーチンへ

ゴルバチョフの時代に冷戦が終わると、アメリカ流の市場経済が導入されます。ユダヤ系の新興財閥が莫大な富を独占し、政治にも強い影響を及ぼすようになりました。またチェチェンなどの独立運動が激化していました。

この混乱を鎮めたのがプーチンでした。プーチンは、ユダヤ系の新興財閥の資産を国有化して国民の不満を解消し、独立運動を力によってねじふせました。プーチンは、スラヴ派です。**欧米との対決姿勢を打ち出し、強いロシアの復活**をめざしました。

クリミア併合はなぜ起きたのか？

東西に分断されるウクライナ

17世紀

ロシア（モスクワ大公国）と
ポーランドが進出
⇓
東側がロシア領、
西側がポーランド領に

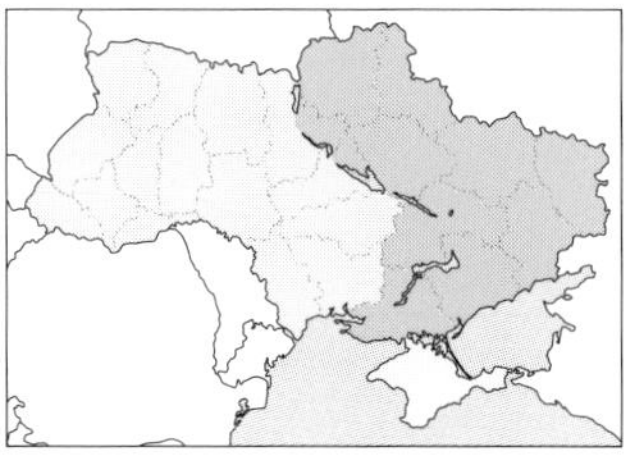

東部はロシア人、西部はウクライナ人が多くなる

18世紀

クリミア半島を奪い
艦隊建設
⇓
クリミア半島に
ロシア人が移住

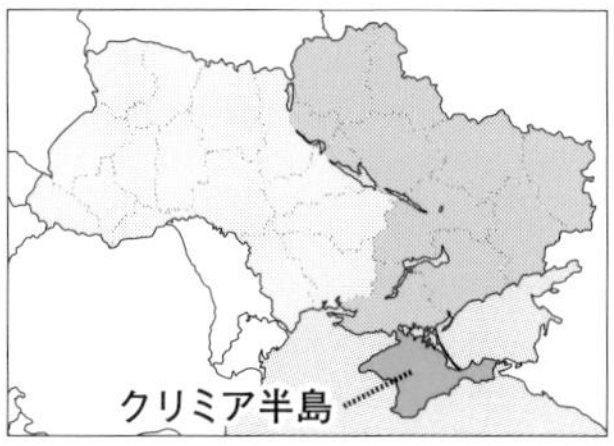

クリミア半島の人口の６割がロシア人に

ソ連崩壊後

ウクライナ国内勢力は
親ロシア派と
親欧米派に分断

ウクライナ危機へ

◆ウクライナは東西に分断されている

２０１４年3月、ロシアはウクライナのクリミア自治共和国を併合しました。

ウクライナとクリミア半島は、18世紀にロシアが一度支配しています。そのときにロシア人の移住が進んだので、**現在でもクリミアの人口の６割はロシア人**です。

１９９１年のソ連崩壊でウクライナが独立すると、クリミア半島はロシアから切り離され、ウクライナのものとなりました。しかし、ロシアはセヴァストーポリの軍港を手放したくないので、レンタルしました。期限は一度延長され、２０４２年までとなりました。

ウクライナでは、独立後も東部のロシア系住民（親ロシア派）と西部のウクライナ人（親欧米派）のあいだで対立がつづきました。

２０１０年にプーチンがヤヌコーヴィチを大統領に立てて親ロシア派政権をきずきますが、これに西部のウクライナ人が激怒し、反政府

Point

クリミアは、ロシアの南下政策の要衝かつ、西側の進出を食い止めるため死守したい土地

なぜウクライナ危機は終わらないのか？

ソ連崩壊後、対立を続ける国内勢力

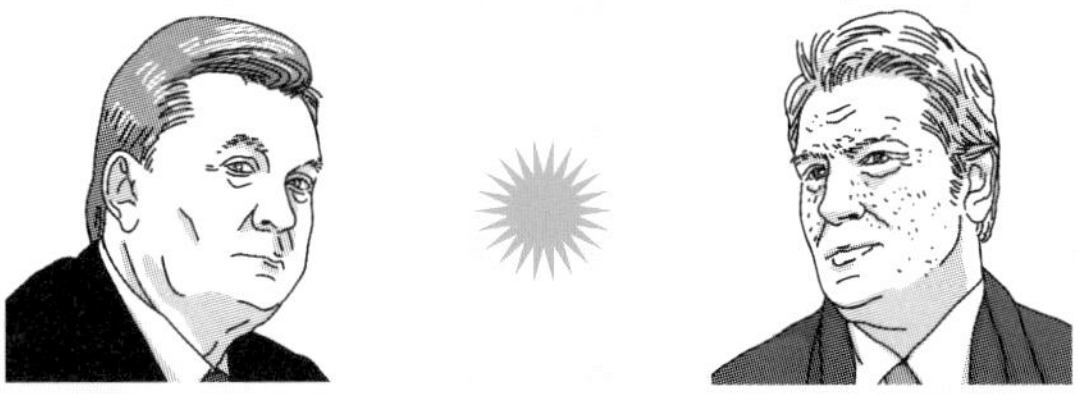

親ロシア派
ヤヌコーヴィチ

親欧米派
ユシチェンコ

混乱の末、ウクライナに親EU政府樹立

親ロシア派住民が反発し、ロシアの支援を受けながら分離独立運動を展開

混乱の中、クリミア併合へ

ロシアと欧米のバッファゾーンにあるため、紛争は避けられない

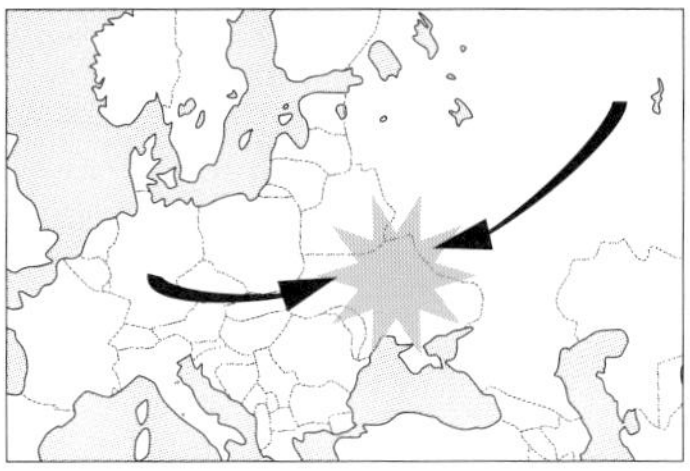

運動が勃発。かわって親EU派のウクライナ暫定政府が成立しました。**2014年、EU加盟をめぐって親欧米派と親ロシア派との衝突が起き、ウクライナ危機が勃発。**そんななかで、クリミアの独立を問う住民投票が行われたのです。

◆戦後初の力による領土変更

クリミアの住民投票は民主主義の手続きをふんで行われました。結果は、ロシア編入に賛成する人が97％で圧倒。投票率も82％です。

しかし、じつはこの住民投票は「自警団」を名乗るロシア軍の圧力のもとで行われていました。**ロシアのクリミア併合は、「力による領土変更」といってしまってもいいもの**です。

ロシアにとってクリミアは、南下政策をとりながら西側の進出をくいとめる地政学的な要衝。強引に奪いにいったのです。すでにロシアとはクリミア橋でつながり、道路と鉄道が開通。併合の既成事実化がすすんでいます。

また、**ロシアと欧米のバッファゾーンにあるウクライナは、地政学的にどうしても紛争が避けられない運命にあります。**ウクライナ危機はなかなか出口の見えない状況ですが、ゼレンスキー新大統領はロシアとの対話に前向きで、停戦に向けて動き出しています。

column 5

疫病と地政学

❖ペストと同じ構図

人類が存在するかぎり、疫病《えきびょう》は存在します。医学が発達した現代でも、人類が疫病から逃れることができないことは、新型コロナウイルスによって改めて思い知らされました。

中国・武漢で発生した新型コロナは、欧米を中心にパンデミックを引き起こしました。中世に流行したペストは、欧州の人口の3〜6割を死にいたらしめたといわれますが、じつはこのペストも中国由来でした。モンゴルの騎馬民族と海上輸送路を通して欧州に伝わったといわれます。とくに中国とイタリアの港町は、東西交易で密接につながっていました。

現代のイタリアは、中国の「一帯一路」に加盟し、両国間の官民の人の移動が増加しています。中国発の疫病が、イタリアで蔓延《まんえん》するのも納得できます。疫病拡散の構図は、時代が変わっても変わっていないのです。

❖グローバル化の弱点露呈

中国は新型コロナに対し、発生源の武漢を封鎖し、独裁的な力で隔離措置を行い、一定の封じ込め効果を発揮しました。それに対し**欧州は、グローバルに人が移動するシステムなので、あっというまに拡散しました。**また、国によって対応が異なるうえ、個人主義・自由主義が根付いていることから、国の措置が徹底されません。意外な弱点が露呈しています。

疫病は、戦争と同じだけの破壊力があり、経済や産業、安全保障などにも影響をあたえます。SARSやMERSは局地戦・短期戦ですみましたが、新型コロナは総力戦・長期戦に発展しています。

14世紀のペストの感染経路

シルクロードなどを経由して
モンゴルからヨーロッパへ

交易関係がある地域は
人の移動が盛んなため
疫病も伝播してしまう

第6章

紛争と大国の思惑が渦巻く

中近東の地政学

人工的国境画定で書き替えられた中東

中東の混乱の原因はどこにあるのか

なぜ中東では争いが絶えないのか？

人工的に設定された国境が原因の１つ

第１次世界大戦後

英・仏・ロでオスマン帝国領を分割する（サイクス・ピコ協定）

※破線は現在の国境

宗派や人種の分布は考慮されずバラバラに

統一意識の低い、人工的な国家の誕生

◆サイクス・ピコ協定でアラブがバラバラに

かつての中東は安定していました。オスマン帝国がしっかり統治していて、宗派対立も民族対立もほとんど起きませんでした。

ところが20世紀初頭、**中東方面への進出をうかがうロシアとドイツがぶつかります**。ドイツの台頭を嫌うイギリスとフランスはロシアと手を組み、オスマン帝国はロシアの南下政策を防ぐためドイツと手を組みました。

こうして勃発した第１次世界大戦は、オスマン帝国が不利となります。すると１９１６年、英・仏・ロは、戦後のオスマン帝国領をどうするか、あらかじめ決めておこうということで、サイクス・ピコ協定を結びました。

その内容は、**地図上にただ定規で線を引いたような、民族や宗教の分布を無視したもの**でした。それがほとんどそのまま実行されたので、いまのシリア・イラク・ヨルダンあたりの国境線は、ほとんど直線になっています。

Point

民族や宗教の分布を無視してつくられ、宗派対立や部族紛争が頻発する国になった

民族・宗教の分布を無視された中東

紛争の火種となっている民族・宗教の分布

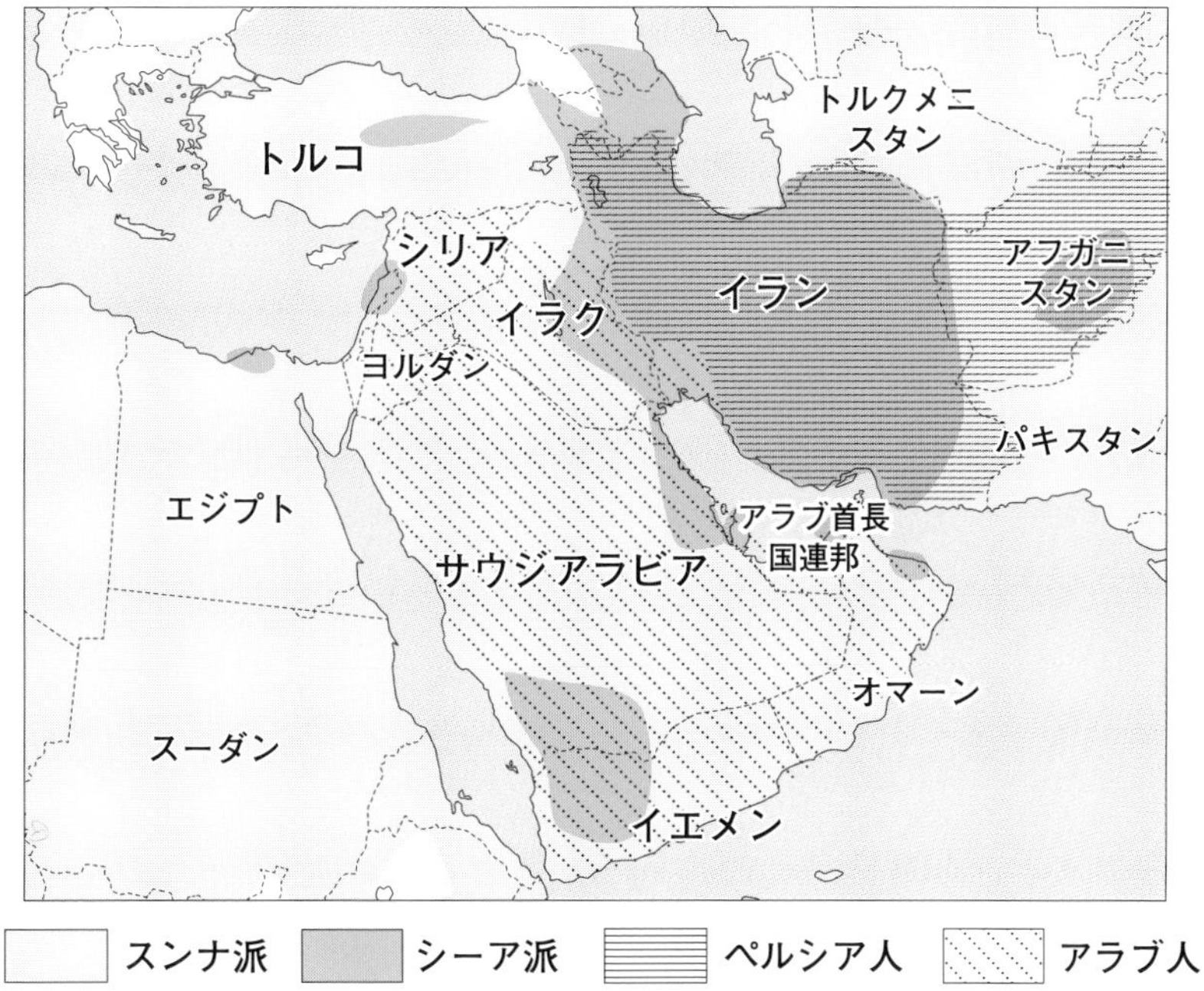

大戦を経て、戦後に欧米諸国の傀儡政権が誕生

欧米勢力を排除した「アラブの再統一」を目指し各国に独裁政権が誕生する

1917年のロシア革命によって、ロシアはこの協定を放棄しましたが、結局、ロシアの取り分をのぞくと、サイクス・ピコ協定の通りに分割されてしまいました。

こうして、**いまのイラクやヨルダン、レバノン、シリアという国が人工的につくられ、英仏の影響の強い傀儡《かいらい》国家となりました。**

◆国家意識が強くない

1956年、エジプトのナセルは、英仏が管理していたスエズ運河を取り戻すために争いました（スエズ戦争）。アメリカとソ連がエジプトを支援したことで、英仏は追い出されます。**英雄となったナセルの意志をつぐように、各国に独裁的な指導者が現れます。**これらの指導者はいずれも、英仏ではなくソ連の支援を受けました。ただ、石油利権を狙ったアメリカも中東にいて、冷戦時代の中東は、ソ連とアメリカの争いの場となりました。

そしてソ連が崩壊すると、アメリカは親ソ政権をつぶしにかかりました。ただ、独裁政権が倒れたとしても、**人工的につくられた国ですから、「自分はイラク人」などという意識が薄い**のです。自分の国を立て直すという意欲がありません。宗派対立や部族紛争が噴出するだけで、中東の混乱が深まりました。

アメリカと対立を深める シーア派の大国・イラン

No.2

ペルシア帝国をルーツにもつイラン

17世紀

オスマン帝国
（トルコ、スンナ派）

サファヴィー朝
（イラン、シーア派）

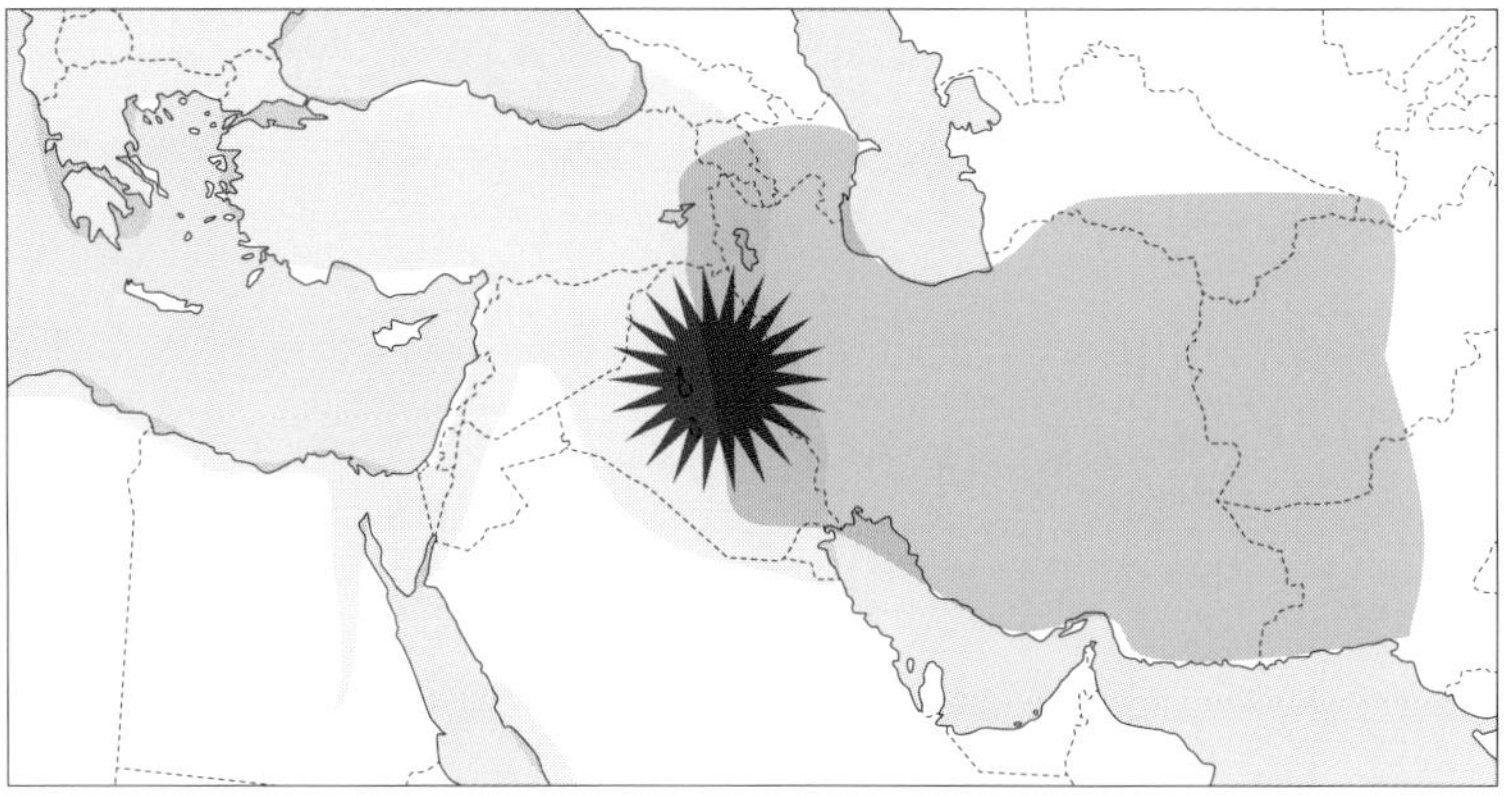

オスマン帝国領　サファヴィー朝領

現在のイラク周辺を舞台に、近隣のスンナ派勢力と覇権争いを繰り広げる

近代以降は、欧米列強の草刈り場になる

グレート・ゲームを演じたイギリスとロシアによって分割され、のちにイギリスの傀儡政権がたった

◆ルーツはペルシア帝国

「スンナ派のアラブ人」が多いイスラム圏にあって、**イランは「シーア派のペルシア人」の国**です。歴史的にはイラン高原に生まれた歴代の超大国・ペルシア帝国がルーツです。

16世紀、イラン高原に成立したサファヴィー朝は、サファヴィー教団がもとになっていて、その教義はシーア派の教義となじむことから、シーア派が採用されました。ここからイランはシーア派の国となったのです。

◆欧米列強の草刈り場に

近代以降のイランは、欧米列強の草刈り場となります。19世紀には、イギリスとロシアの傀儡政権が建てられ、戦後は、イギリスとアメリカが支援する国王パフレヴィー2世の独裁政権となりました。

ところが、この親英米の独裁政権をたおそうと、シーア派の法学者ホメイニが立ち上が

Point

**イラン革命で反米政権が樹立してから
アメリカ対イランの構図が続いている**

欧米諸国の草刈り場になったイラン

戦後のイラン 親英米の独裁政権がたつ

↓

1979年　イラン革命

シーア派のホメイニ指導のもと
国内から英米を一掃

ホメイニ

↓

イランとアメリカの敵対関係が始まる

アメリカ陣営

・サウジアラビア
・トルコ
・イスラエル

イラン陣営

ロウハニ大統領

・EU諸国
・中国

**ISの出現で一時期は関係が近づいたかに見えたが、
基本的にこの対立構造が続いている**

りました。1979年のイラン革命です。イラン革命は成功し、英米勢力は国内から一掃されます。ここから、**イランとアメリカの敵対関係がはじまるとともに、新たなグレート・ゲーム**がはじまりました。

　イランからアメリカがいなくなったことから、その空白を埋めるようにソ連が南下しました。このときアフガニスタンで結成されたのがアルカイダで、のちにアメリカを脅かすテロ組織となります。また、イラクのフセインもイランに侵攻し、イラン・イラク戦争が勃発します。

　しかし、ソ連とイラクはかえって国力を消耗させて崩壊。その権力の空白地帯に生まれたのがISということになります。

　さて、**イラン革命からはじまったイランとアメリカの敵対関係は、ブッシュ（子）政権時代に先鋭化します**。ブッシュはイランを「悪の枢軸《すうじく》」とよび、核開発を非難し、西側諸国とともに経済制裁をかしました。しかし、イランはかつてのペルシア帝国のような超大国をめざして、強気に核開発をすすめました。

　オバマ政権時に、打倒ISを掲げて一度はイランに接近しましたが、トランプ政権は再びイランへの経済制裁を強めています。

　今後の中東の対立構図は、**「アメリカ陣営vsイラン陣営」**という構図を中心に展開していきそうです。

対イラン包囲網を形成するサウジアラビア

国を作り上げたイスラム過激派!?

第1次世界大戦時

「アラブの反乱」で
ハーシム家が
オスマン帝国に挑む

↓

そのすきに
サウード家が
メッカを乗っ取る

↓

サウジアラビア建国

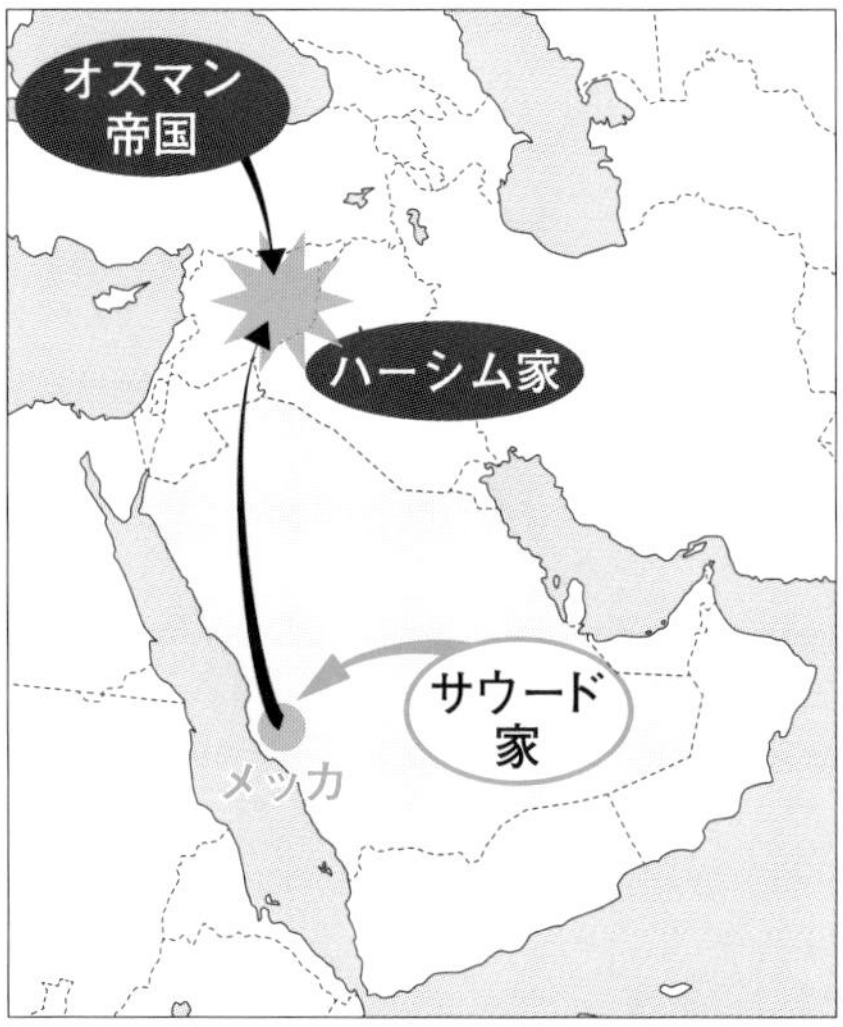

建国後まもなく、アラビア半島から油田が発見される

石油から得られた利益を山分け

↓

アメリカとサウジアラビアの密な関係が始まる

◆イスラム過激派だった!?

第1次世界大戦中、アラビア半島中部のリヤドを拠点とするサウード家がメッカを奪い、新しい王国を打ち立てました。これが現在のサウジアラビアです。

サウード家は、**スンナ派のなかでも厳格なワッハーブ派**にあたります。コーランとハディース（ムハンマド伝承集）しか認めません。メッカに攻め込んだとき、聖人崇拝を異端として弾圧したり、聖人を祀っていた祠《ほこら》などを破壊しました。いまのイスラム過激派を想起させる蛮行ですが、簡単にいうと、サウジアラビアはイスラム過激派が建てた国だったのです。

やがて、アラビア半島東部で相次いで巨大油田が発見されたところから、サウジアラビアとアメリカの密接な関係がはじまりました。

◆イランからの地政学的圧力

アメリカとの関係に変化が生じたのは、オ

Point

石油利益でアメリカと関係を結び、シーア派のイランに対抗する

サウジアラビアが受ける地政学的圧力

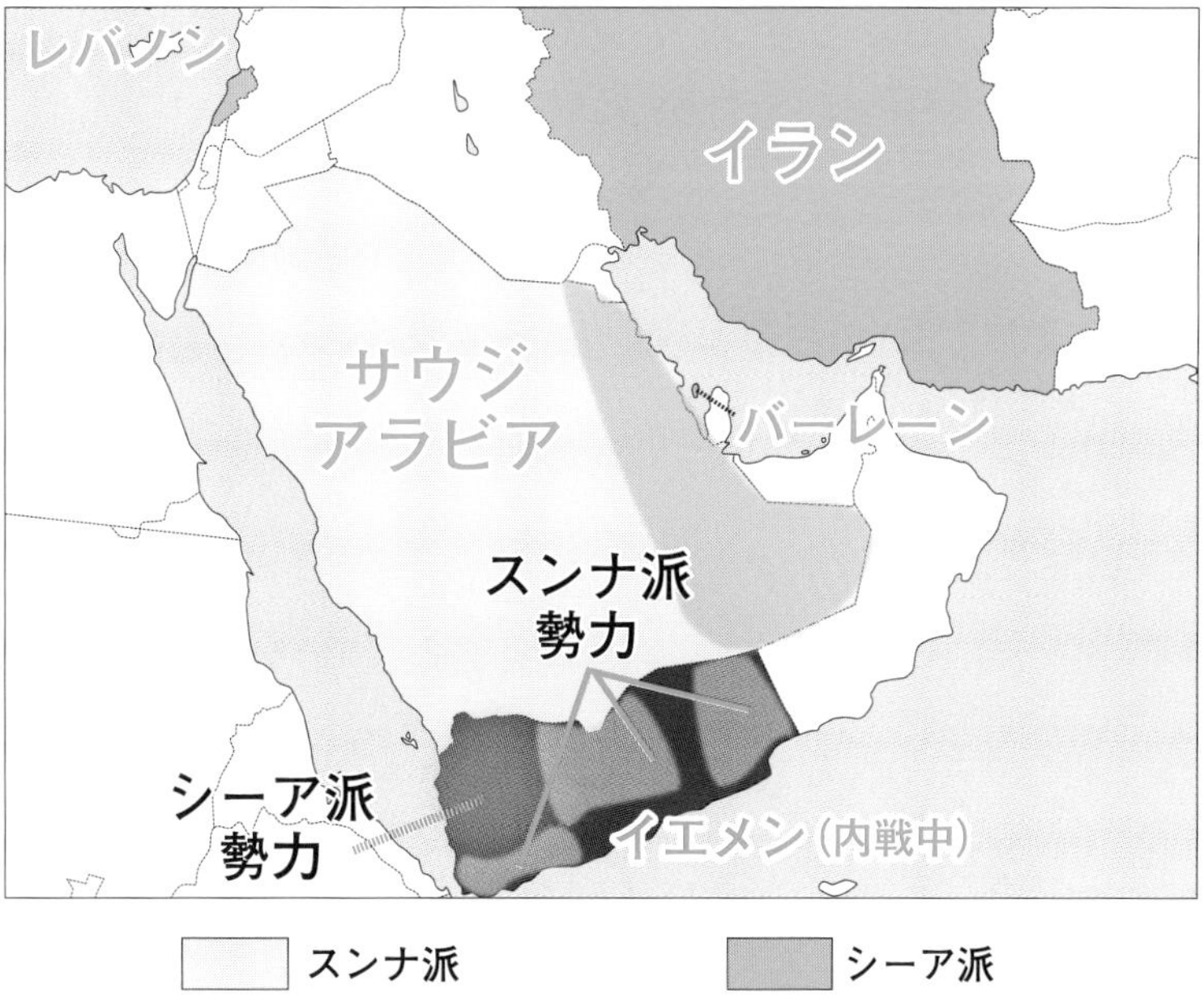

周囲をイランの影響下にある国やシーア派の国に囲まれている

↓

イランと関わりの深いロシアと手を取りたいが現時点では先行きが不透明

バマ政権のときです。核合意・打倒ＩＳなどでアメリカとイランが接近します。ＩＳを倒した勢いそのままに、**シーア派のイランがアラビア半島もねらってくる恐れがあるので、サウジアラビアは同じスンナ派のＩＳ支援にまわりました**。これでアメリカとの関係は冷え込みました。

２０１６年1月、サウジアラビアはイランと国交を断絶します。いまのイランはシリア以外にもレバノン、イラク、イエメンなどで影響力を強めており、サウジアラビアは地政学的な圧力を受けています。イエメンでは、イランが支援するシーア派とスンナ派諸国が支援するスンナ派のあいだで内戦になっています。また、サウジアラビアの大油田地帯は、同国の少数派のシーア派住民が集住する地域にあたり、サウジアラビア東部に隣接するバーレーンは、多数派のシーア派国民をスンナ派の王家が治めている状態です。**イランがこうしたシーア派勢力を刺激すると、サウジアラビアにとっては大きな脅威となります**。

サウジアラビアは、イランの核合意から離脱したアメリカと関係を修復。イランと関係の深いロシアとは産油国同盟を結び、自陣営に引き寄せようとしています。しかし、原油の減産計画をめぐり両者は対立し、先行きは不透明に。20年3月、原油価格は暴落しました。

中東覇権を狙うトルコの地政学

ヨーロッパと縁の深いトルコ

**15世紀以降のオスマン帝国の支配によって
それまでのキリスト教文化からイスラム化する**

↓

第1次世界大戦後、英仏による分割の危機に

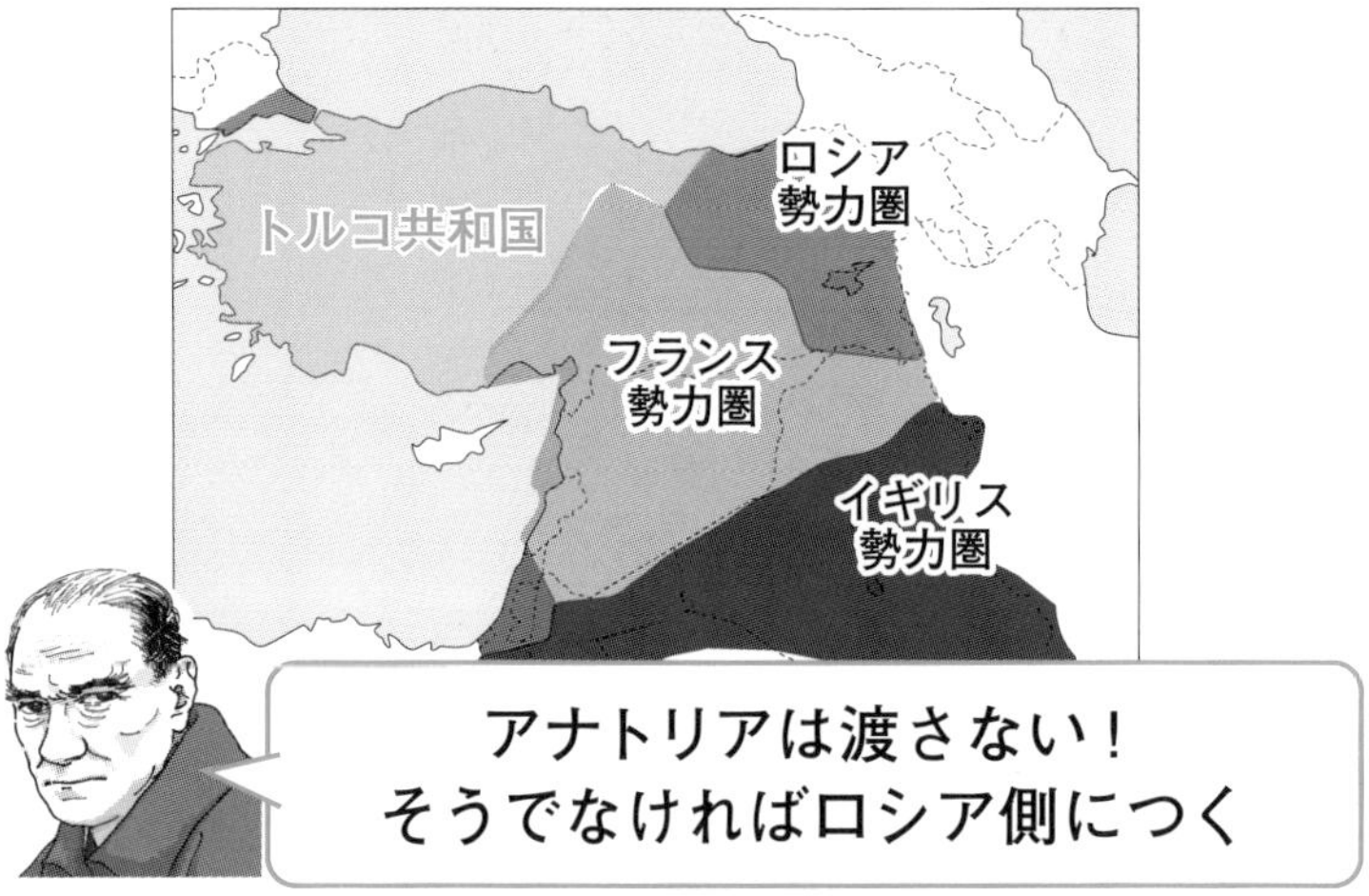

アタテュルク

↓

「世俗主義」を掲げ、トルコ共和国として独立

- イスラム教を国教から外す
- アルファベットの導入
- 一夫多妻制の禁止
- 女性の参政権

◆世俗主義で近代化

トルコは15世紀以降のオスマン帝国の支配でイスラム化しました。現在は**国民の99％がイスラム教徒**です。

第1次世界大戦後、ムスタファ・ケマル・アタテュルクが革命を起こし、英仏に狙われていたオスマン帝国を崩壊させ、トルコ共和国を樹立します。**アタテュルクは、英仏との交渉でロシア側につくことをちらつかせ、アナトリア（トルコ本土）を守りました。**

初代大統領となったアタテュルクは、トルコ共和国の基本原則に「世俗主義（政教分離）」をすえ、欧米のような国をめざします。

◆イスラム主義を復興

トルコはヨーロッパとの関係を重視し、イスラム世界の国では唯一のＮＡＴＯ加盟国となりました。アメリカの軍事援助を受け、**南下政策をとるロシア（ソ連）の脅威から地中**

Point

ロシアの南下政策に対する地中海の防波堤、アメリカ陣営に入り中東への関与を深める

トルコとＩＳとクルド人

戦後のトルコ
・欧米との関係を重視
・NATOに加盟

方針を一転させ、イスラム主義を復興し中東関与を深めるエルドアン大統領

トルコ東部にいるクルド人勢力の掃討にかかる

エルドアン

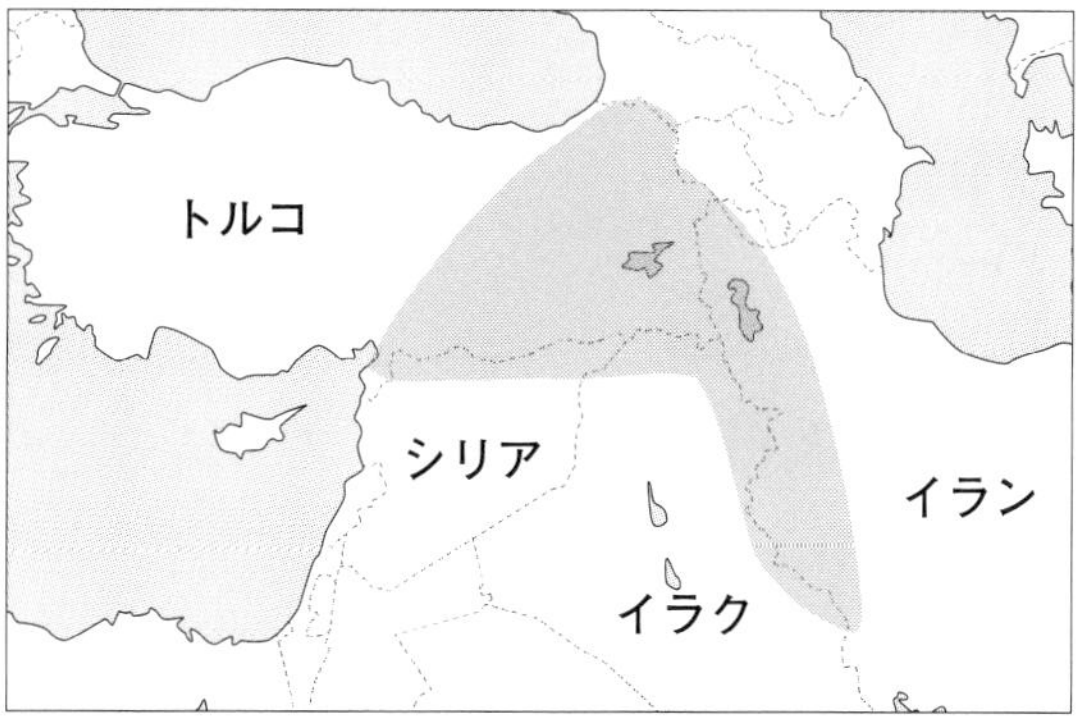

現在のクルド人の大まかな分布

クルド人勢力を支援していた米軍が撤退

アメリカと再び歩み寄りへ

海を守る防波堤の役割を果たしてきたのです。

また、２００５年からEUへの加盟交渉がスタートしましたが、交渉はほとんど進んでいません。じつは、トルコ国内ではイスラム主義が復興しつつあります。その中心にいるのがエルドアン大統領です。

トルコでは欧米を手本に産業が発展しましたが、それによって貧富の差が生まれました。そこでエルドアンは「富を再分配して助け合うイスラムの精神に戻ろう」と主張し、人気を獲得しました。

エルドアンのイスラム主義には富裕層を中心に批判がありました。**「世俗主義の番人」である軍部がクーデターを起こしましたが、エルドアンに対する国民の支持が強く、クーデターは失敗に終わります。**クーデター後のエルドアンは抵抗勢力の一掃をはかり、より中東への関与を深めようとしています。

また、アメリカとの関係は対クルド人事情から冷え込んでいました。ISをたおしてシリア北部で独立しようとするクルド人を米軍が支援していたからです。しかし、IS壊滅にともないシリアから米軍が撤退し、トルコにとっては、クルド人武装勢力を攻撃しやすい環境を提供されたかたちです（P85）。中東の「アメリカ陣営vsイラン陣営」という構図では、トルコもアメリカ陣営に入りつつあります。

イランと対立するイスラエル

パレスチナ問題とは何か

ユダヤ系
イスラエル
（親欧米派）

アラブ系
パレスチナ
（反欧米、親ロシア派）

きっかけは…

イギリスの三枚舌外交
それぞれに対して良い話になるように矛盾した協定を結ぶ

イギリス → ユダヤ
パレスチナにユダヤ人国家をつくっていいよ

イギリス → アラブ
アラブ人で独立していいよ

イギリス → フランス
オスマン帝国領は我々で分割しよう

↓

元々パレスチナに住んでいたアラブ人と移住してきたユダヤ人が衝突

4回にわたる中東戦争へ

↓

イスラエルはアメリカが支援することで、ソ連が支援するアラブ諸国に対抗

◆戦後に生まれた新国家

イスラエルは第2次世界大戦後にできた新しい国で、**中東最大の親米国家**です。

第1次世界大戦中、イギリスは「バルフォア宣言」を交わしていました。イギリスがユダヤ系資本家のロスチャイルド家から戦費を調達するかわりに、パレスチナにユダヤ人国家を建設することを約束したものです。

この結果、パレスチナにユダヤ人の移住がはじまり、当然、**もともとパレスチナに住んでいたアラブ人との激しい衝突が起きます。**第2次世界大戦後、国連はパレスチナをユダヤ人国家のイスラエルとアラブ人国家に分割することを決めましたが、双方納得せず、イスラエル・アラブ諸国間で中東戦争が4回にわたって引き起こされることになります。

アメリカは、ソ連が軍事支援するアラブ諸国と対峙するための拠点として、イスラエルを地政学的に重要視して軍事支援していました。ところが、冷戦の終結によってイスラエ

Point

イランの核武装に警戒しながら、アメリカとの関係を強くしている

イスラエルに迫る脅威

ハマス		ヒズボラ
ガザ地区	拠点	レバノン
スンナ派	宗派	シーア派
特になし	支援する国	イラン

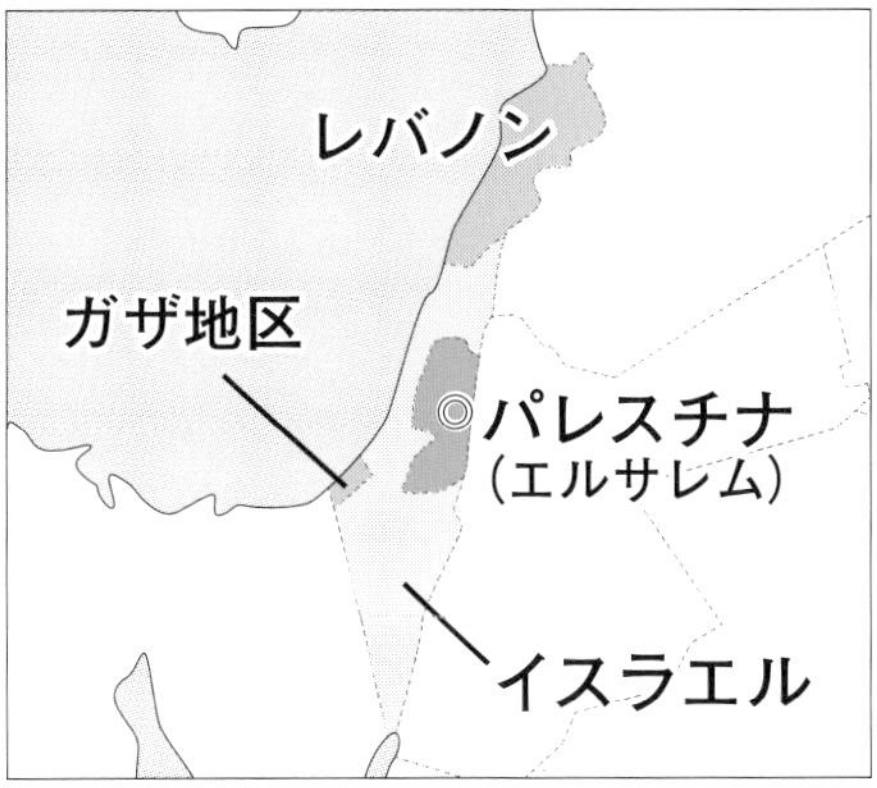

イランが所有する核が
ヒズボラに渡る恐れ

⬇

イスラエルは
イランの核武装を警戒

イスラエルとアメリカは
対イラン目的で関係を強める

ルの重要性が低下すると、１９９３年の**パレスチナ暫定自治協定**につながりました。イスラエルが占領地ガザとヨルダン川西岸から撤退してパレスチナ人の自治政府を認めるかわりに、パレスチナ解放機構（ＰＬＯ）がイスラエルを承認する、という内容でした。

ただ、やはり両者納得とはいかず、互いに報復合戦を繰り返し、パレスチナ問題は先の見えない悪循環に陥っていきました。

◆ヒズボラとイランの脅威

いまのイスラエルにとっての脅威は大きく２つあります。１つはガザ地区を拠点とする**スンナ派武装組織ハマス**、もう１つは隣のレバノンを拠点とする**シーア派過激派組織ヒズボラ**です。ヒズボラはシーア派のイランが支援しており、イランが核兵器をもてばヒズボラに渡る可能性があるため、**イスラエルはイランの核武装を警戒**しています。

そんななかトランプ政権は、２０１８年５月に在イスラエル米国大使館を西エルサレムに移転させました。歴代の政権が、パレスチナ側に配慮して先延ばしにしてきたこの移転を実行に移したことでユダヤ民族からの信頼感は格段に高まりました。両国の関係は、対イランという目的を同じくして強まっています。

シリア内戦とＩＳの現状

ＩＳとは何だったのか？

ＩＳ（Islamic State）

・イスラム教スンナ派の過激派武装組織
・シリア国内の内戦を機に誕生

※2017年２月時点

シリア国内のスンナ派／シーア派

スンナ派	・後継者選びは選挙 ・多数派（約９割） ・貧困層、反政府
シーア派	・後継者選びは血統重視 ・少数派（約１割） ・富裕層、政府軍

**2010年「アラブの春」で
シリアの独裁アサド政権にも矛先が向く**

↓

スンナ派の反政府勢力 ✳ シーア派のアサド政権

↓

シリア内戦へ

◆中東の新グレート・ゲーム

近年の中東の混乱の中心にいたのがＩＳです。ＩＳが首都としていたラッカは２０１７年10月に解放され、ＩＳは事実上崩壊しました。

ただ、シリア内戦はまだ終わっていません。２０１１年3月に勃発したシリア内戦は、**「シーア派のアサド政府軍」vs「スンナ派の反政府武装組織＋ＩＳ」**という構図でした。イラクのスンナ派武装勢力は、シリアのスンナ派武装勢力に合流するために国境をこえて流れ込んできて、アサド政府軍を攻撃しました。こうして生まれたのが、スンナ派のＩＳです。

アサド政権がここまで持ちこたえているのは、ロシアがいるからです。アサド政権は、東西冷戦中にソ連が軍事援助をしてきたアラブ民族主義の独裁政権の1つです。

ロシアは、欧米が支援するシリアの反政府武装組織を攻撃してアサド政権の実効支配地域を回復させ、さらにＩＳの拠点をつぶそうとしました。ロシアは、対ＩＳ作戦では欧米

Point

IS崩壊後は、シリア北部を舞台にアサド、クルド人、トルコの三つ巴の様相をなす

諸国の思惑が絡み合うシリア内戦の構図

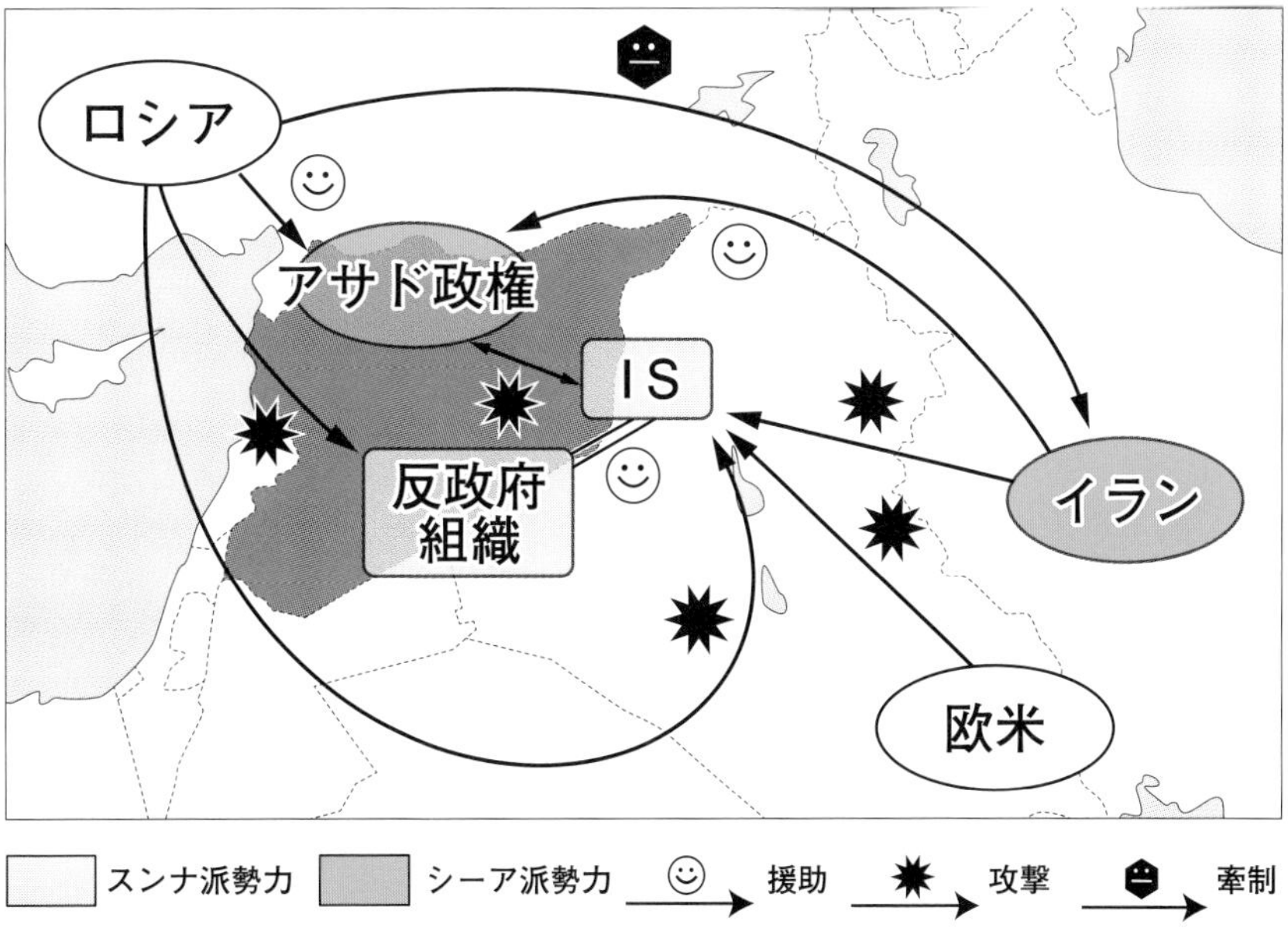

ロシア

シリアにおけるイランの影響力拡大を防ぎたい

欧米

ISを叩くためにシリアの反政府勢力を支援

IS崩壊で米軍は撤退

シリア内戦以前の状態へ？

と利害が一致しましたが、反政府武装組織に対しては欧米と対立するという複雑な関係になりました。

ロシアはアサド政権に肩入れすることで、イランを牽制しています。シーア派の総本山ともいえるイランは、シーア派のアサド政権を支援しています。しかし、ロシアにしてみると、シリアがイランの保護国のようになっては困るというわけです。

◆IS崩壊・米軍撤退でトルコ介入

トランプは、対IS戦の勝利を宣言し、2019年10月、米軍の撤退を決めました。これにより、シリア北部で独立国家の建設をめざすクルド人勢力は米軍の後ろ盾を失い、逆にトルコが勢いづきました。トルコは、シリア領内に入りクルド人に攻撃を加えました。するとクルド人は、これまで対立してきたアサド政権やロシアに接近しました。

アサド政権はいまやシリア全土を回復しようとしており、クルド人地域も保護下に収めれば、内戦前の状態に戻ります。これは欧米諸国にとっても悪くない落とし所です。トルコも国内のクルド人独立を触発するリスクが消えれば、これ以上攻撃する理由はなくなります。

column 6

エネルギーと地政学

❖中東の戦略的重要性低下

20世紀のエネルギー地政学の中心は中東でした。１９０８年、イギリスがイランで中東初の油田を発見してから、中東は戦略的重要性を獲得しました。戦後は米ソが介入し、石油をめぐる紛争や戦乱がつづきました。

ところが21世紀となり、状況は一変します。**シェール革命**により原油・天然ガスともに生産量世界トップとなったアメリカは、**中東依存度を下げ、中東関与をやめています**。シリアからの米軍撤退もその一環です。

一方、トランプはパリ協定から離脱を表明しました。温暖化対策のための規制を取り払うことで、資源開発を後押しし、産業の発展と雇用の創出をねらったもので、アメリカ第一主義の経済対策といえます。

❖ロシア依存が進む欧州

ロシアは、原油3位、天然ガス２位の生産量を誇ります。欧州向けには、ウクライナ経由のガスパイプラインを敷いています。ウクライナ危機のとき、欧州がロシアに強気に出られなかったのは、エネルギーをロシアに依存していたからです。

他国にエネルギーを依存すると、弱みを握られます。反対にいうと、**トランプやプーチンは、豊富な資源を戦略的に利用する狙いをはっきりもっています**。

ロシアは２０１９年にドイツ、トルコ、中国に向けた新しいガスパイプラインを完成させました。中央アジアのガス供給国の進出を抑え込むのが狙いです。資源の売り込み競争で、新たなグレート・ゲームがはじまっています。

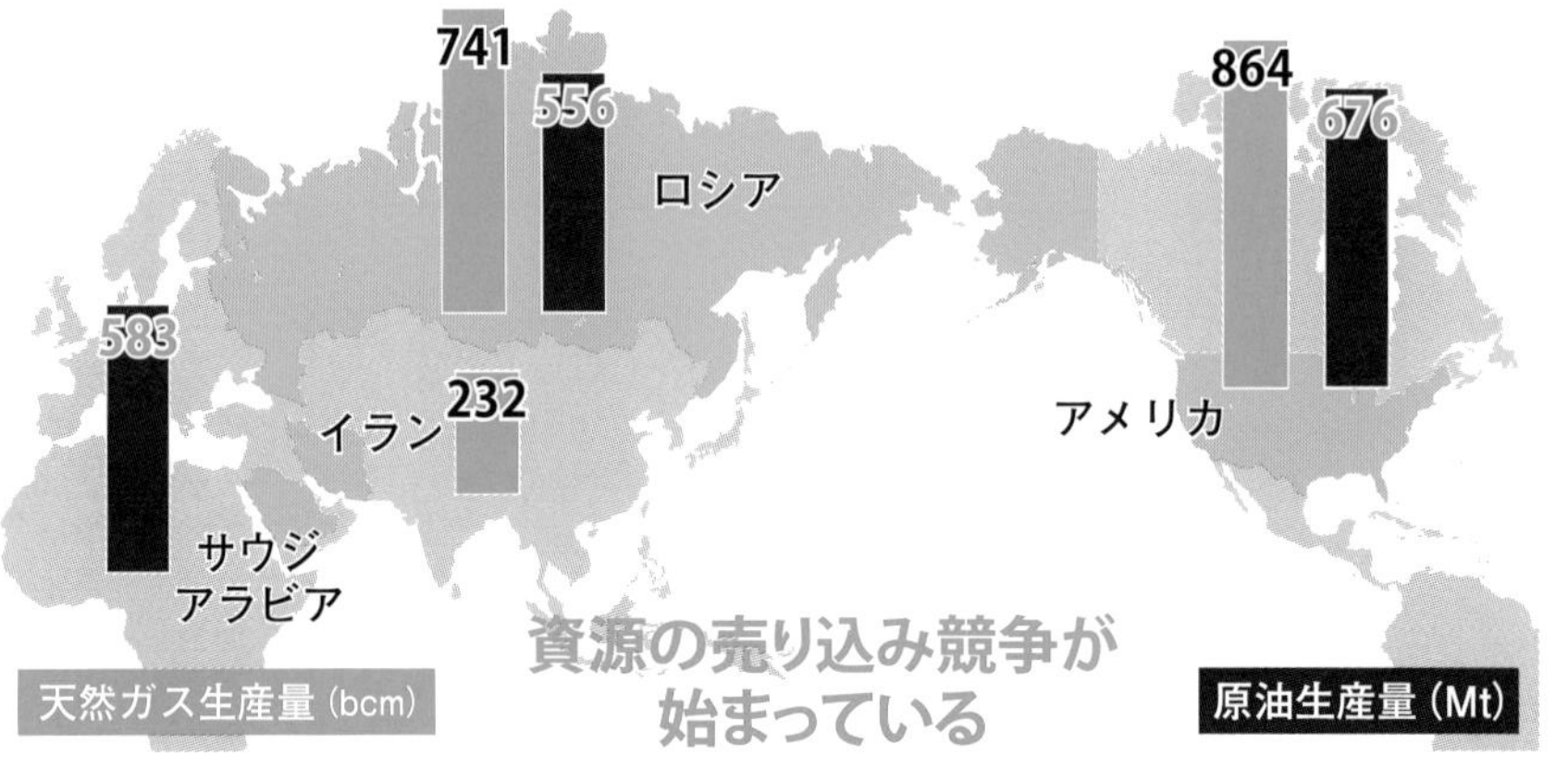

第7章

世界といかに渡り合うべきか？

日本の地政学

日本の脅威は常に大陸にある

大陸と距離を置き続けた日本

日本…シー・パワーの島国

海を隔てた大陸には歴代の中華帝国という大国

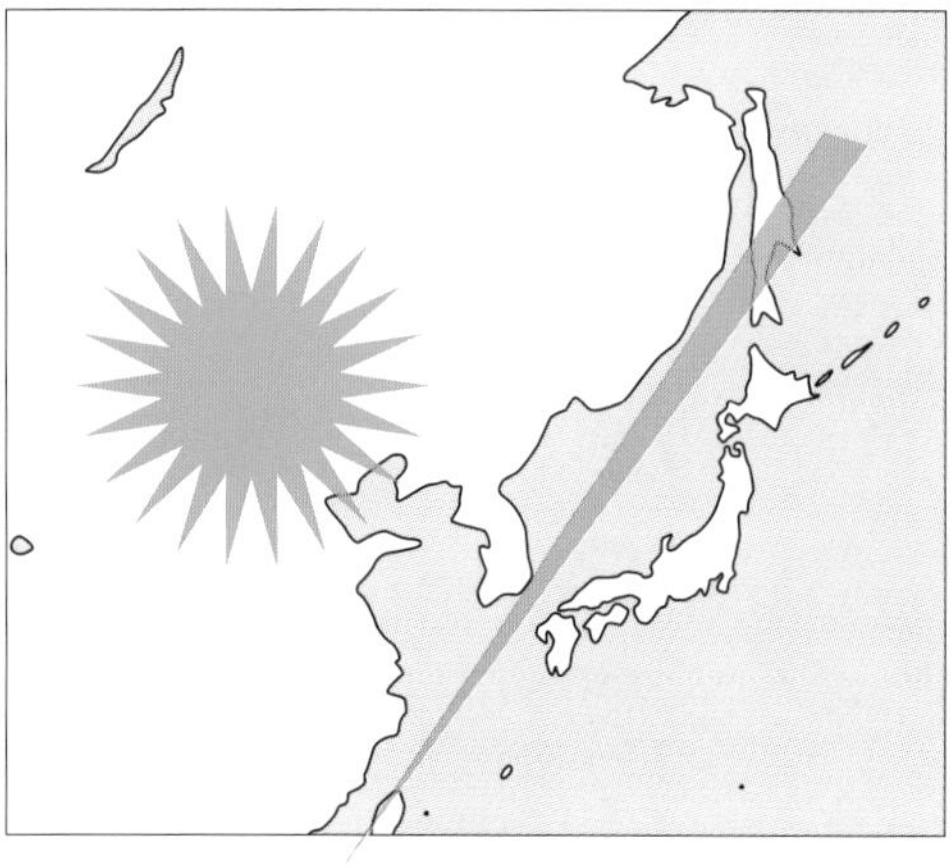

基本的に大陸に介入しない方針をとる

⇒イギリスの「バランス・オブ・パワー」と似た戦略

例外：豊臣秀吉の朝鮮出兵

朝鮮半島に攻め込むが、失敗。のちに鎖国へ

その後、開国するまで大陸の争いには関わらない方針をとる

◆イギリスの戦略に学ぶ

日本と同じく島国で、巧みなシー・パワー戦略で覇権をにぎった国といえば、イギリスです。

イギリスの基本戦略は、「バランス・オブ・パワー（勢力均衡）」です。じつは日本も大陸に対してこれに似た戦略をとってきました。**日本にとっての脅威は、つねに大陸の中華帝国**でしたが、中国とは距離をとり、大陸内に覇権を求めたりはしませんでした。例外は豊臣秀吉で、バッファゾーンの朝鮮半島に出兵しました。ですがこれは失敗しました。

清《しん》に滅ぼされ、明《みん》の復興をかけて戦った鄭《てい》成功《せいこう》が日本に助けを求めてきたときは、日本はこれを拒否しています。大陸での争いに巻き込まれることをさけたのです。

開国して近代化した日本は、同じシー・パワーのイギリスやアメリカの陣営に入ります。日清・日露戦争ではランド・パワーの中国とロシアを退け、朝鮮半島を支配します。

Point

大陸の中国からの脅威に東アジアのシー・パワー陣営として対抗する

大陸不介入の原則をやぶった日本

日清・日露戦争でバッファゾーンを守るために戦い
朝鮮半島を支配する

「大陸不介入」をやぶり、大陸内部へ侵攻していく

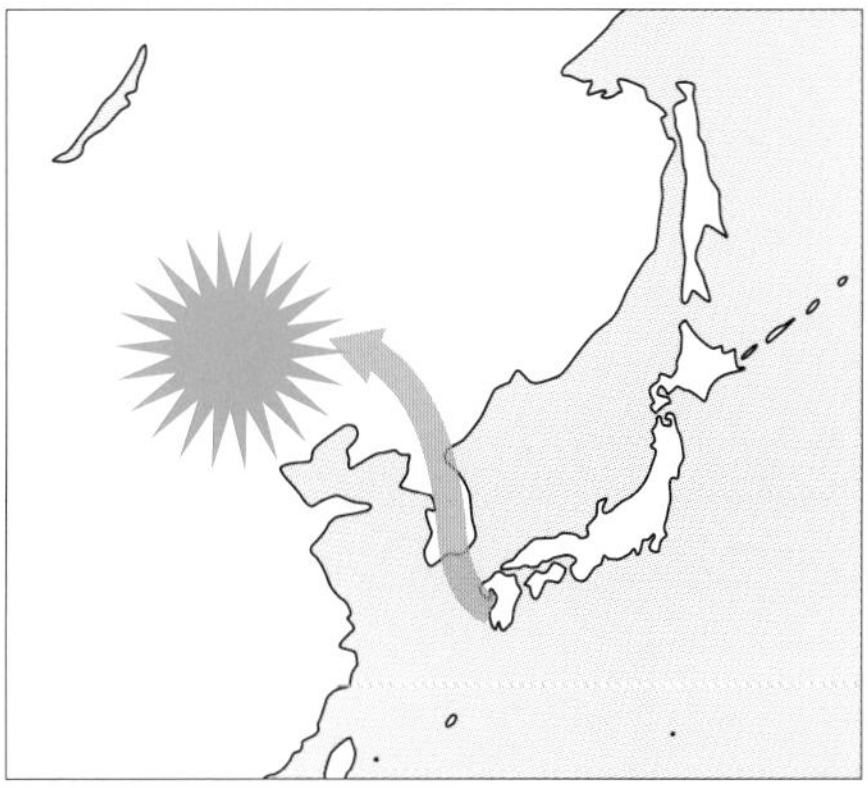

第２次世界大戦の日本

・満州国の建国
・陸軍の強化

不利なランド・パワーの戦場に引き入れられ、敗戦へ

戦後はアメリカと同盟を結び、中国の海洋進出を抑える役割を担う

◆内陸に入り込みすぎた

日本が大陸不介入の原則をやぶっていくのは、このあたりからです。日本は、満州国をつくるという大陸関与政策をとるようになり、ランド・パワーのロシアの脅威に備えるために、陸軍も強化しました。そして、中国内陸に踏み込んでいきます。

第２次世界大戦の日本の最大の失敗は、シー・パワー大国のアメリカとイギリスを敵にまわしてしまったことです。**日本は中国大陸だけでなく、太平洋戦線を拡大しすぎて兵《へい》站《たん》が伸び切ってしまい、負けてしまいました。**

戦後の日本は、アメリカとの同盟関係を軸にしました。世界一のシー・パワーと手を組むことで、日本の安全は守られてきました。

アメリカが国力を落とし、「世界の警察官」をやめて力を引いた際に、シー・パワーで押し出てきたのが中国です。

中国のシー・パワーを迎え撃つ重要拠点は、沖縄・台湾・ベトナムです。とくに沖縄は東シナ海における米軍の最前線基地となっています。地元沖縄では米軍基地に対する反発が強まっていますが、**もし米軍が撤退して空白地帯が生まれると、中国が進出してくる恐れがあります。**大陸の脅威はまさに虎視眈々と海洋を狙っています。

北方領土問題で揺らぐ日ロ関係

北方領土問題が生まれた背景

19世紀 南下政策をすすめるロシア
ウラジオストックに太平洋艦隊建設

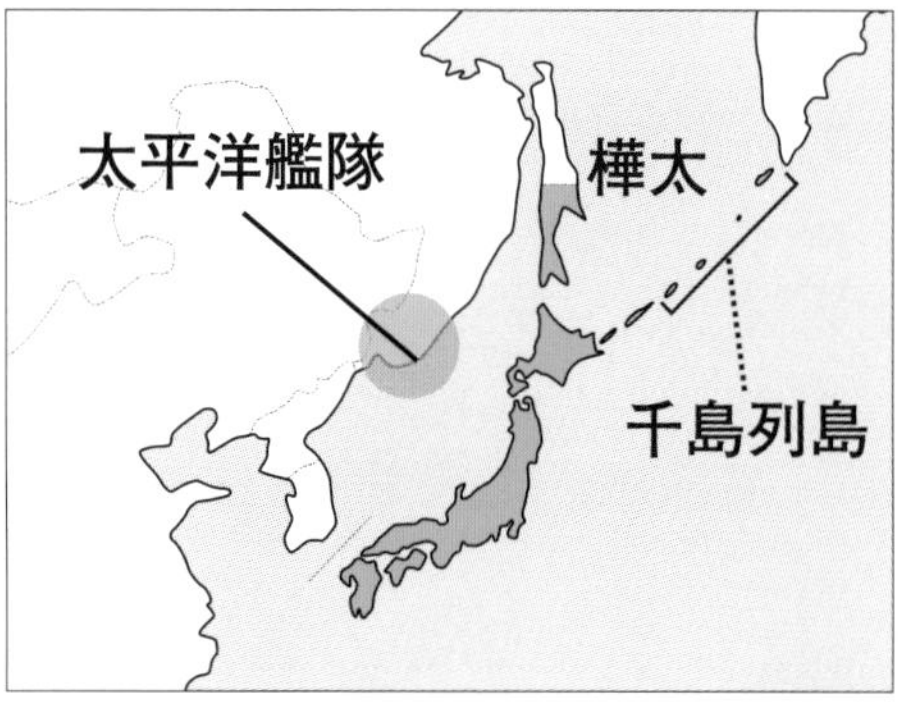

◆1875年
樺太・千島交換条約

◆1905年
ポーツマス条約

２つの条約を経て
南樺太が日本の領土に

↓

1945年８月 ソ連の日本侵攻

南樺太と千島列島を占拠する

＝

**サンフランシスコ条約における
「千島列島」の範囲がはっきりしていない**

↓

千島列島をめぐる領土問題へ

◆アメリカが打ち込んだ楔《くさび》

19世紀、南下政策をすすめるロシアは、清《しん》（中国）の弱体化につけこんで沿海地方をうばい、ウラジオストックに軍港をつくり、太平洋艦隊を設けました。でも、さらに南方には日本という壁がありました。

１９４５年８月、ソ連（ロシア）は無条件降伏をした日本に攻め込み、南樺太《みなみからふと》と千島《ちしま》列島を占領しました。このときの侵攻は、「ソ連が日本に侵攻する見返りに、南樺太と千島列島の獲得を約束する」というヤルタ会談の極東密約によるものです。

ソ連にとって日本はリム・ランドにあたります。**ここを足がかりにマージナル・シーをおさえ、太平洋へ進出したい**ところです。しかし、アメリカは日本とロシアが結びつかないように、楔を打ち込みました。それが「北方領土問題」です。**アメリカは、サンフランシスコ講和条約でわざと千島列島の帰属をあいまいにして「北方領土問題」をこしらえま**

Point

「引き分け」での北方領土返還の場合、アメリカとの安全保障条約が足かせとなる

今後の日ロ関係と北方領土問題

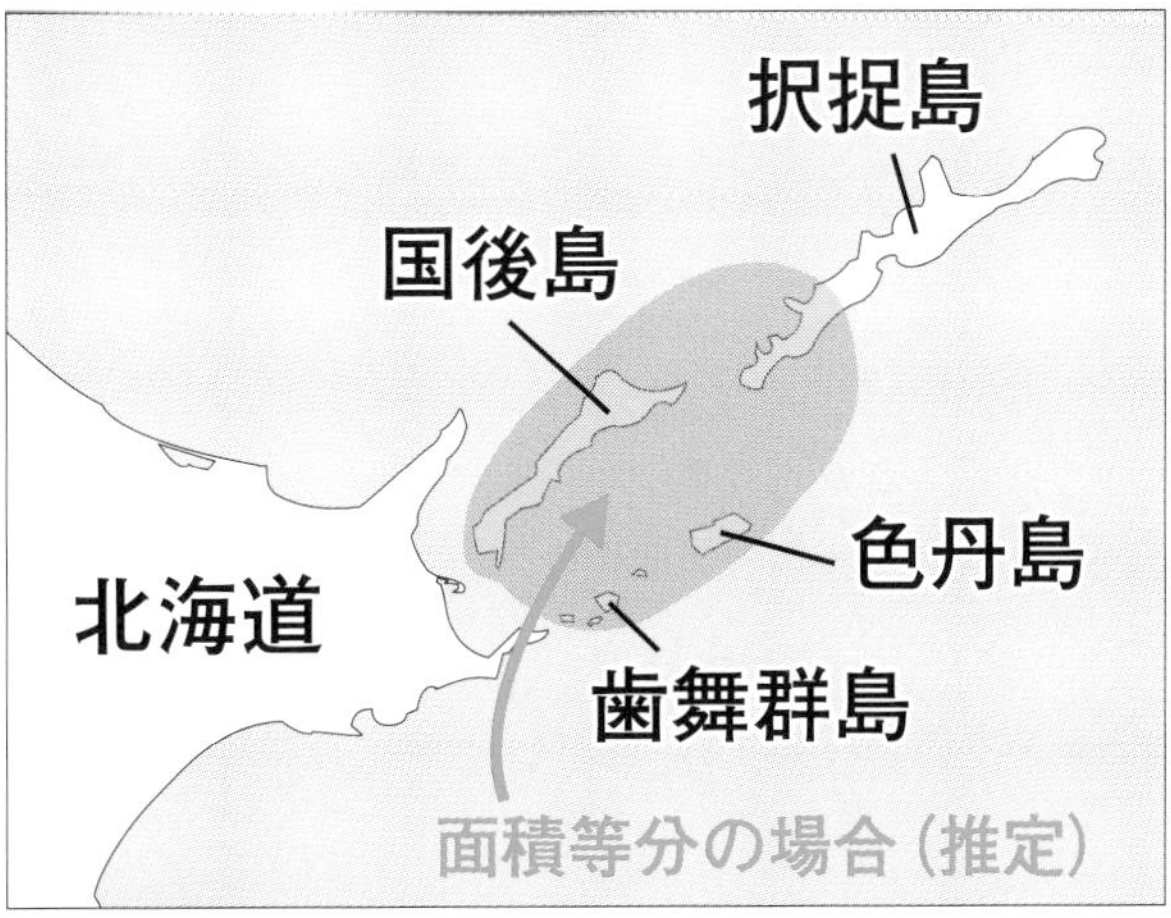

返還交渉の対象

①四島一括返還 …日本側の主張
②二島返還 …歯舞・色丹の二島を返還
③面積等分による返還…「引き分け」の解決法

面積等分など「引き分け」でも構わない

1956年の日ソ交渉で出た「二島返還」案に立ち返る？

返還が実現した場合の問題

北方領土に米軍基地を配置するかどうか

した。講和条約では、「千島列島」の範囲が明らかにされていないのです。

日本は「千島列島のうち歯舞《はぼまい》・色丹《しこたん》・国後《くなしり》・択捉《えとろふ》の四島は日本のもの」という主張で、ソ連との北方領土交渉にのぞみます。

◆プーチンは引き分けでいい

1956年の日ソ交渉では、「二島（歯舞・色丹）返還」でまとまりかけましたが、アメリカのおどしによって、二島返還案は消えました。

その後の交渉では進展は見られませんでしたが、**プーチンは、「二島（歯舞・色丹）だけでなく、四島（歯舞・色丹・国後・択捉）が交渉の対象である」といっています**。こんなことをいうロシアの大統領ははじめてです。また、「引き分け」や「勝者も敗者もない解決」ということもいっています。「面積等分論」にも興味を示していました。

しかし、もし二島返還で決着し、主権が日本に移るとなると、そこは日米安全保障条約の対象となります。つまり、**北方領土に米軍基地がつくられる可能性**があります。

プーチンは「北方領土には米軍を展開させない」という確約を求めていますが、安保条約がある以上、北方領土だけ除外するわけにはいきません。日本の対応が試されます。

第7章
日本の地政学

今後の日本がとるべき戦略は？

日本が今後手をとるべきパートナーは？

アメリカ一強の時代はいずれ終わる
そのときに日本はどうする？

①自主防衛力を高める

日本も独自に核武装をしてはどうか

⇒「非核三原則」もあるため、現実的ではない

②アメリカ以外の「味方」をつくる

島国である日本
⇒単独では弱いため、対中国のパートナーが必要

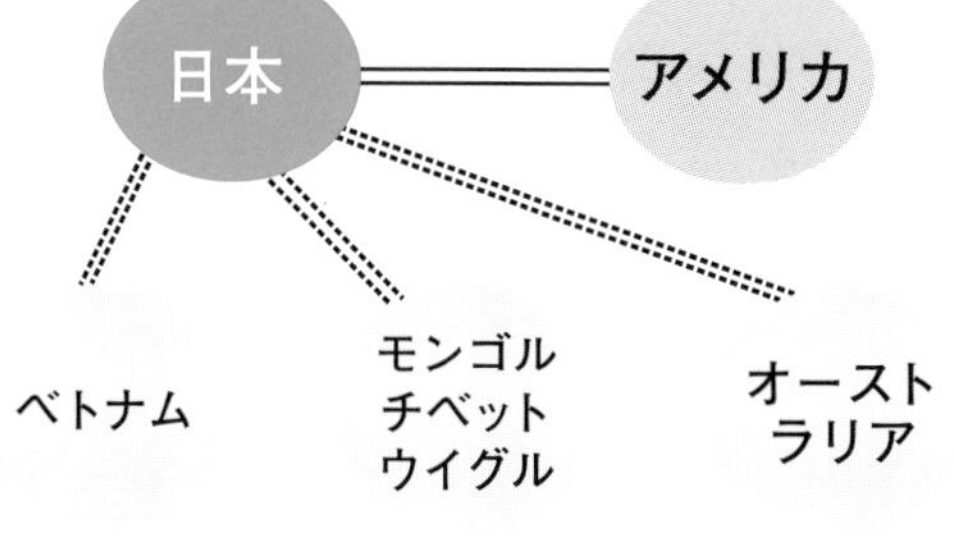

◆アメリカ以外の国との連携も必要

日本は、これからの不安定で複雑な多極化時代を生き抜く術も模索していく必要があります。アメリカの力もいつかは衰え、**アメリカが強大だった時代につくられた日米安保体制があるから安心という考えは危うくなります。**

ではどうすればよいか？　1つには、独立国家として**自主防衛力を高める**ことがポイントになります。トランプは大統領選のときに、同盟国の自主防衛力の強化を主張していました。この流れで、じつはトランプ政権内から日本の核武装容認論（推進論）が出てきています。

日本は、独自の核をもつことで、中国や北朝鮮とのあいだに相互確証破壊が成立し、核の脅威がなくなります。アメリカにとっても、日本を守るために中国から核攻撃を受けるというリスクがなくなります。ただもちろん、日本は非核三原則（核兵器を持たない、作らない、持ち込ませない）の方針を堅持してい

No.3

Point

アメリカ頼みの戦略を考えながら、近海での新たな資源開発が求められる

新資源「メタン・ハイドレート」の可能性

メタン・ハイドレート

「燃える氷」と呼ばれる、メタンと水で構成される資源
二酸化炭素排出量は石油・石炭の約２分の1

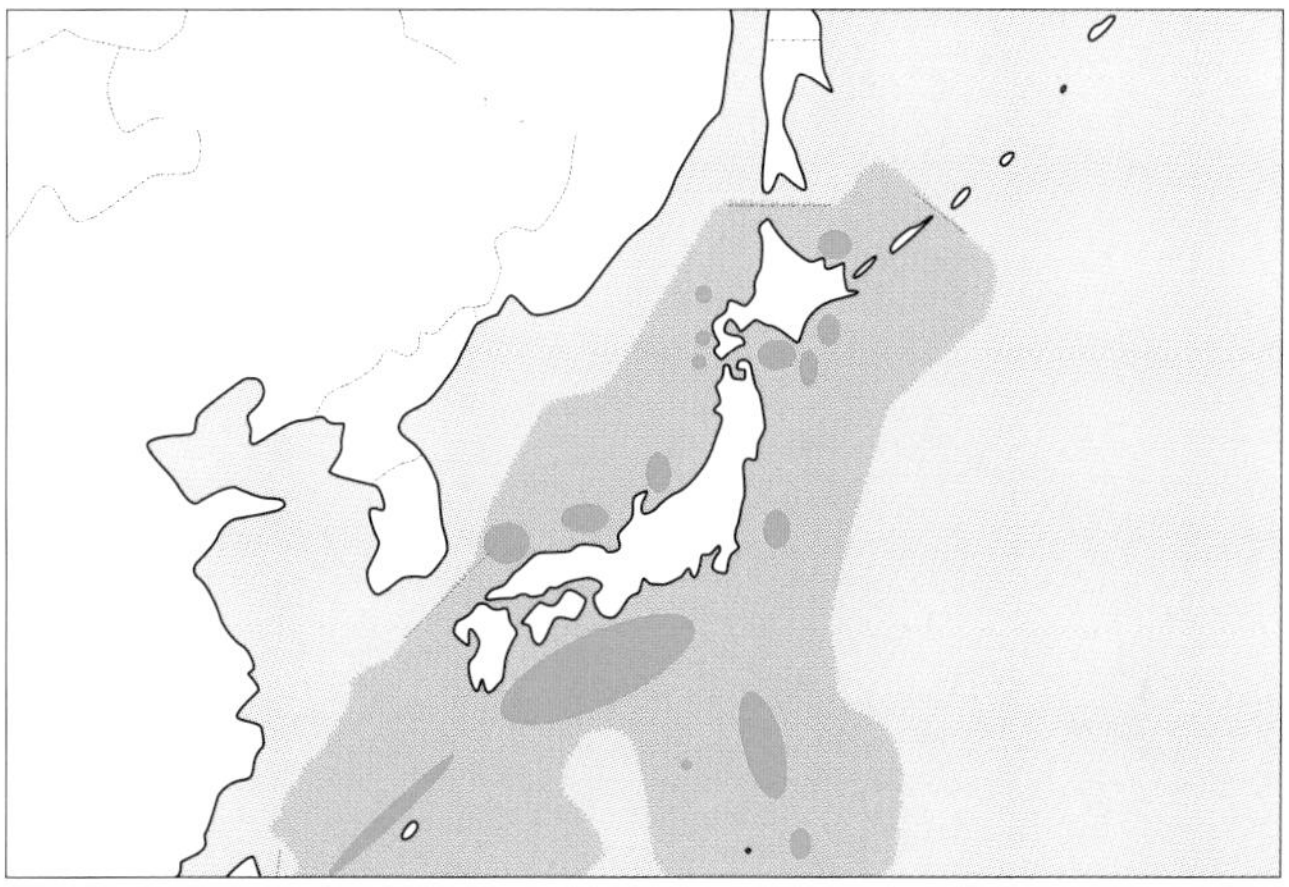

排他的経済水域　メタン・ハイドレート生産出域

国内で資源を発掘し、他国（主に中東）への依存度を下げる

↓

エネルギー輸入におけるリスクの軽減をはかる

るので現実的な議論ではありません。

もう1つポイントになるのは、**アメリカ以外の「味方」を増やす**ことです。日本は、ランド・パワーの中国・朝鮮半島とは対立関係にありますが、「敵の敵は味方」という関係で探っていくと、いくつかの「味方」が見えてきます。

南シナ海で中国と対峙しているベトナムなどの東南アジア諸国や、内陸アジアのモンゴルやチベット、ウイグルなども「味方」になります。日本と同じシー・パワーの島国・オーストラリアも「味方」です。こうした「味方」と連携して中国に対する防衛網をきずいていくことができます。

◆世界第6位の広さ

いま求められるエネルギー戦略の方向性は、**中東依存度を下げていく**ことです。その解決策の1つが「資源の調達先の多角化」、もう1つは「国内資源の開発」です。日本は領土だけでは世界第61位ですが、領海と排他的経済水域（EEZ）を含めた海の広さは世界第6位です。

資源の開発ができるEEZからは、「燃える氷」といわれるメタン・ハイドレートが発見されています。こうした海底資源の開発を進めることで、エネルギー自給率を上げていくことができるのです。

おわりに

アメリカのトランプ大統領が登場して以来、世界情勢は刻々と変化しています。

オバマ前大統領は、平和主義・孤立主義から世界の敵対勢力を勢いづかせました。地政学のルール「引いたら、押される」の通りとなったのです。

これに対しトランプ大統領は、ISを壊滅に追い込み、イランと北朝鮮の核武装阻止の戦略を同時に講じました。海洋進出を強める中国には経済と軍事の両面から圧力をかけました。一方、自国の利益にならないパリ協定やTPPから離脱し、国内の雇用創出に力を入れ、景気を上向きに転じさせました。新型コロナウイルス蔓延による景気減速危機に対しては、FRB（連邦準備制度理事会）と一体となって、史上最大規模の2兆ドル（約220兆円）という異例の経済対策を早々に打ち出しています。

トランプの「アメリカ第一主義」に対しては、「国際協調に逆行する」との批判がありますが、地政学的思考では自国の利益を守ることを目的としますから、国際協調に逆行するのは当然の帰結といえます。

ロシアのプーチン大統領やトルコのエルドアン大統領、フィリピンのドゥテルテ大統領、ブラジルのボルソナーロ大統領、イタリアのコンテ首相など、いま、トランプ的な反グローバリズムの強い指導者があらわれています。こうした指導者はメディアには不人気で、私たちは「グローバリズムが正義」「ポピュリズムが悪」という紋切り型の報道に流されそうになりますが、一度立ち止まって、冷静にその戦略の狙いを分析することも重要です。そのとき地政学は1つの有効なツールになるはずです。

さいごに、本書をまとめるにあたり、彩図社の栩兼紗代さまには大変お世話になりました。日頃のご理解とご助力に心から感謝いたします。

2020年4月　沢辺有司

主要参考文献

『アメリカ大統領を操る黒幕』（馬渕睦夫、小学館新書）
『イスラム戦争』（内藤正典、集英社新書）
『一気にわかる！　池上彰の世界情勢２０１６』（池上彰、毎日新聞出版）
『ヴィジュアル版 海から見た世界史』（シリル・Ｐ・クタンセ、樺山紘一・大塚宏子訳、原書房）
『金融のしくみは全部ロスチャイルドが作った』（安部芳裕、徳間書店）
『現代地政学』（コーリン・フリント、高木彰彦訳、原書房）
『現代の地政学』（佐藤優、晶文社）
『最強兵器としての地政学』（藤井厳喜、ハート出版）
『新・世界経済入門』（西川潤、岩波新書）
『新・地政学　「第三次世界大戦」を読み解く』（山内昌之、佐藤優、中公新書）
『週刊ダイヤモンド』「劇変世界を解く新地政学」２０１７年1月28日号（ダイヤモンド社）
『世界史で学べ！　地政学』（茂木誠、祥伝社）
『世界史の大転換』（佐藤優、宮家邦彦、ＰＨＰ新書）
『世界のニュースがわかる！　図解地政学入門』（髙橋洋一、あさ出版）
『中国の大問題』（丹羽宇一郎、ＰＨＰ新書）
『使える地政学』（佐藤優、朝日新書）
『日本の今の問題は、すでに｛世界史｝が解決している。』（宇山卓栄、学研教育出版）
『日本も世界もマスコミはウソが9割』（ベンジャミン・フルフォード、リチャード・コシミズ、成甲書房）
『ニュースの〝なぜ？〟は世界史に学べ』（茂木誠、ＳＢ新書）
『１００の地点でわかる地政学』（オリヴィエ・ダヴィド、パスカル・ゴーション／ジャン＝マルク・ユイスー編、斎藤かぐみ訳、白水社）
『武器としての超現代史』（浜田和幸、学研プラス）
『プーチンはアジアをめざす』（下斗米伸夫、ＮＨＫ出版新書）
『ユーロ崩壊！』（三橋貴明、彩図社）
『ワケありな日本の領土』（沢辺有司、彩図社）
『２０１９年　アメリカはどこまで中国を崩壊させるか』（渡邉哲也、徳間書店）
『国境ある経済の復活』（藤井厳喜、徳間書店）
『週刊ダイヤモンド』「地政学・世界史」２０１８年11月3日号（ダイヤモンド社）
『グローバリズム後の世界では何が起こるのか？』（高岡望、大和書房）
『新しい地政学』（北岡伸一・細谷雄一編、東洋経済新報社）
『現代の軍事戦略入門』（エリノア・スローン、奥山真司・関根大助訳、芙蓉書房出版）
『銃・病原菌・鉄　上・下』（ジャレド・ダイアモンド、倉骨彰、草思社）

【著者】

沢辺有司（さわべ・ゆうじ）

フリーライター。横浜国立大学教育学部総合芸術学科卒業。

在学中、アート・映画への哲学・思想的なアプローチを学ぶ。編集プロダクション勤務を経て渡仏。パリで思索に耽る一方、アート、旅、歴史、語学を中心に書籍、雑誌の執筆・編集に携わる。現在、東京都在住。

パリのカルチエ散歩マガジン『piéton（ぴえとん）』主宰。

著書に『図解　いちばんやさしい哲学の本』『図解　いちばんやさしい三大宗教の本』『図解　いちばんやさしい古事記の本』『図解　いちばんやさしい仏教とお経の本』『ワケありな映画』『ワケありな名画』『ワケありな本』『ワケありな日本の領土』『封印された問題作品』『音楽家100の言葉』『吉田松陰に学ぶ　リーダーになる100のルール』『西郷隆盛に学ぶ　最強の組織を作る100のルール』『本当は怖い　仏教の話』（いずれも彩図社）、『はじめるフランス語』（学研教育出版）などがある。

最新図解　いちばんやさしい地政学の本

2020年5月21日第一刷

著　者　沢辺有司
イラスト　梅脇かおり
発行人　山田有司
発行所　株式会社　彩図社
東京都豊島区南大塚3-24-4
MTビル　〒170-0005
TEL：03-5985-8213　FAX：03-5985-8224
印刷所　シナノ印刷株式会社

URL：https://www.saiz.co.jp
https://twitter.com/saiz_sha

ISBN978-4-8013-0449-9 C0031

※本書は、小社刊『図解　いちばんやさしい地政学の本 2019-20年度版』をもとに再編集・図式化したものです。